励志
名人传
之

梁毅志◉编著

网球天王
Roger Federer

北京时代华文书局

Contents

目 录

逐鹿

PART 4

129

王 者

PART 5

177

王子

PART
1

01 天王诞生

　　罗杰·费德勒（Roger Federer）出生于瑞士巴塞尔一个普通的中产家庭，父亲罗伯特·费德勒（Robert Federer）是当地化工公司的实验员，母亲勒内特·杜兰德（Lynette Durand）早年是一名秘书，姐姐黛安娜（Diana）是一名护士。

　　费德勒的父亲罗伯特生长在伯恩奈克，一个坐落于瑞士东北角的小村庄，他是纺织工人与家庭主妇的儿子。他在20岁时背井离乡，沿着莱茵河的流向来到了巴塞尔，一个瑞士西北部的工业城市，成为瑞士汽巴公司的一名实验员，这是他人生的第一份差事。

　　1970年，罗伯特在总公司的南非分公司找到新工作，就这样离开生活四年的巴塞尔。外出打拼，缘分却不期而遇。费德勒的妈妈勒内特恰好在南非分公司担任秘书一职，当时年仅18岁的勒内特青春靓丽、开朗活泼，拥有一双漂亮迷人的眼睛。

　　年轻的罗伯特，有着一只硕大的鼻子和两撇与众不同的小胡子，虽然身材不高，但他行动敏捷、体格健壮、风趣幽默、没有架

ROGER FEDERER

子，也不存偏见，笑起来眯起的眼睛和高耸浓密的眉毛让他显得格外和蔼可亲。

两人在公司自助餐厅里初次相遇，罗伯特对她一见倾心，两人日久生情，渐渐走在一起，成为一对幸福的情侣，他们在南非度过了一段难忘的时光。

1973年，满载着爱情的罗伯特带着勒内特回到自己的家乡巴塞尔，在当地举行了一场幸福的婚礼。罗伯特至今也无法解释，为什么他们会在相识三年后迁回瑞士，"那种感觉就像是一只候鸟一样"。

1979年，他们的第一个孩子——费德勒的姐姐戴安娜出生了。20个月后，勒内特在1981年8月8日早晨于巴塞尔的州立医院产下一个男婴，他就是21世纪最伟大的网球运动员之一——罗杰·费德勒。之所以起名罗杰，是因为这个名字用英语发音也很容易。冥冥中父母感觉到，给他们的儿子起一个发音容易的名字最终会令他受益。至此一家四口，相亲相爱，和谐美满。

网球是罗伯特和勒内特的爱情纽带，是罗伯特带勒内特走进网球场，这个曾经会打曲棍球的姑娘发现自己爱上了网球这项运动，于是在南非的时候他们就经常在一起打球，网球场就是约会的舞台，由此开始了一段罗曼史。热恋不耽误训练，两人凭借自身努力，在当时的业余网球圈中小有名气。

回到巴塞尔，罗伯特和勒内特工作的公司在巴塞尔郊区赞助成立一家网球俱乐部，罗伯特小两口很快就成了积极分子。勒内特显示出很高的天赋，她最大的胜利来自作为队员在1995年赢得瑞士俱乐部锦标赛的冠军。她狂热地喜爱网球，并且很快就成为俱乐部的儿童组教练。她后来还参与了职业网球联合会（ATP）设在巴塞尔的瑞士室内赛的组织工作，在媒体证件办公室提供服务。

小费德勒在父母耳濡目染下，经常被带到网球场玩耍，还没系统学习过网球，就已经可以连续打上二三十个回合，成为同龄人中的佼佼者。"即便在他只有一岁半的时候，他也能连续玩上几个小时的网球。"他的妈妈回忆道。"他在几乎还不能走路时就已经能够抓住那些大大的网球。他的协调性真是令人难以置信。"他的父亲感叹说。

但网球这项优雅的运动却没有带给费德勒绅士的品格，童年时期的费德勒个性刚烈，脾气火暴，桀骜不驯，人送外号"赛场小恶魔"。

"他非常非常活泼，好像有用不完的精力，他喜欢一切球类运动，不管是足球、网球还是乒乓球。他很顽皮，总是不断挑战我们和学校老师的忍耐底线。他不是很容易和其他同龄的孩子做朋友，因为他非常情绪化，脾气非常坏。我们为此一度很是烦恼。"勒内特至今都不愿承认，也不想在媒体面前多谈论费德勒早年的"光荣事迹"。

巴塞尔当地儿童网球训练队

的教练巴洛切尔，还依稀记得费德勒刚进网球队训练的事。由于费德勒水平高超，同期一起进来的好朋友与之相差甚远，勒内特特意嘱咐巴洛切尔，要让费德勒和网球打得最好的孩子一起练球，巴洛切尔听从建议，让费德勒和另外更优秀的孩子们一起练习。费德勒为此质问巴洛切尔自己为什么不能和小伙伴在一起打球，教练告诉费德勒因为他需要更优秀的对手，可是费德勒却淘气地说："我告诉你，我要和我的小伙伴们一起打球。"尽管如此，巴洛切尔还是拒绝了他的要求，费德勒显然很生气，为此闷闷不乐了很久。

费德勒有个发小叫马克·齐乌迪内里，从7岁到14岁，两人从小玩到大，同在儿童网球训练队。调皮捣蛋是两人的家常便饭，球队中的"坏小子"非他俩莫属。在一次训练中，两人聊天过于投入，没注意教练就在身旁，被臭骂一顿，还使得其中一人被赶出训练场，只能眼巴巴地在场边罚站围观。

8岁时，费德勒在"儿童杯"对阵齐乌迪内里，开局糟糕让后者在比赛中突然开始痛哭，领先的费德勒大气地走到朋友身边安慰、送上鼓励。神奇的是，备受安慰的齐乌迪内里开始奋起直追，费德勒则逐渐陷入落后，然后在场上大哭起来。回忆至今，令人忍俊不禁。

　　【看似脾气火暴的费德勒，内心其实细腻而柔软。也许正是因为太过细腻和柔软，他对有些事情才太过敏感，反应过于激烈。】

王　子

02 放弃足球

　　费德勒的第一个网坛偶像是当年有着"德国金童"之称的鲍里斯·贝克尔，网球比赛没有固定时间，遇到马拉松式的拉锯战，小费德勒能在电视机前一坐就是一整天，贝克尔输球时，他伤心落泪，贝克尔在1985年赢得个人首个温布尔顿网球公开赛（以下简称"温网"）冠军时，他欣喜若狂，而当时的他还只是一个年仅四岁半的孩子。

　　就是这样一个铁杆小网球迷，最初选择的运动居然是足球。因为在费德勒念小学的时候，学校里的男孩们都认为足球才是最时髦、最酷的运动。那段时间，他几乎每时每刻脚下都有一个足球，还老是嚷嚷自己要成为一个足球运动员。

　　9岁那年，费德勒正式注册，进入与巴塞尔相邻的巴塞尔协和足球俱乐部。和他从小一起长大的好朋友齐乌迪内里，则进入了巴塞尔足球俱乐部青训营。他俩不仅在网球场上隔网相对，还在足球场上比拼。

TENNIS

　　"当时，罗杰和我所代表的队伍可是劲敌，我们常在足球场上
对阵。他踢前锋，头球尤其出色，射门力量很大，跑动也很出色，
但左脚实在太烂了！"齐乌迪内里曾回忆说道。

　　至于费德勒之后舍弃足球而选择网球，一半是出自家庭的引
导，另一半是费德勒自己的个性使然。

　　"打网球时，一切都能由自己控制，我是唯一需要负责任的
人。我讨厌足球比赛中裁判、队友等各种会左右努力成果的因素，
在网球比赛中，我根本不需要考虑这些。"费德勒在早年的采访中
解释道。

　　【就这样，12岁的费德勒正式"挂靴"，结束了自己短暂的"足球
生涯"，就此成为家乡球队的忠实拥趸者。无论是国内杯赛、欧联
杯或欧冠，至今，球迷们还时常能在巴塞尔的观众席上看到他的身
影。直到现在，当年教过费德勒的足球教练还惋惜地说道："他曾是
最棒的。"】

03 球童生涯

　　瑞士巴塞尔赛是一项历史悠久的网球巡回赛，距今已有50年的历史，这也是费德勒的家乡站。作为东道主的"瑞士天王"，曾19次参与巴塞尔的正赛，15次进入决赛，并取得10次在这里捧杯的傲人战绩。

而早在费德勒的孩提时代，他就与这项赛事结下了不解之缘。费德勒曾在1993年、1994年连续两年作为球童服务这项赛事。

1993年的秋天，一个再普通不过的周日，位于瑞士巴塞尔的室内网球中心座无虚席，观众正聚精会神地欣赏一场激烈的决赛争夺，对阵双方是温网冠军德国选手迈克尔·斯蒂奇和六届大满贯冠军瑞典选手史蒂芬·埃德伯格。比赛已经进行了三个小时，随着斯蒂奇一记发球上网，德国人借着优势，连续攻击埃德伯格反手，后者被迫回球出界，裁判宣布斯蒂奇获胜，德国人最终以3∶1的总比分拿下比赛，他并没有过多地庆祝，只是握拳振臂指了指上空，面带笑容地回到座位，接下来的颁奖典礼将是属于他的荣耀时刻。

比赛场发生的一切都令13岁的费德勒尽收眼底，早在比赛开始前一星期，他就每天骑车15分钟，往返于家和球场，作为球童服务这项赛事，一待就是一整天。虽然今天他没有上场，但这么精彩且重要的决赛，他肯定是不会错过的，更何况待会儿冠军还将亲自给他们颁发纪念奖章。

颁奖典礼开始后，约60个球童分成两列呈"V字形"依次进入场地中心，只见小费德勒顶着蓬松的棕色短发，一身黑色T恤配蓝色短裤，脚穿一双白色球鞋，在统一着装的球童队伍中并不显眼，但是总给人一种想上去宠溺摸头的感觉。

小费德勒站在队伍的第六个，全程侧着头，看着冠军挨个给自己的队友发纪念奖章，"终于轮到我了"，他心里激动着但脸上却波澜不惊。他先是礼貌地伸出右手，目视冠军斯蒂奇点了点头，然后伸出左手，接过纪念奖章，还没等斯蒂奇走开，就在手里把玩起来，他抚摸着上面刻着的字看得出神，等回过神来斯蒂奇已经沿着队伍走远，他突然意识到了什么，猛地抬头看向了前方，把攥着奖章的手背在身后，目光再次看向斯蒂奇。

颁奖典礼结束后，冠军会和球童们一起享用比萨，以犒劳他们这段时间的辛苦劳动，这项传统一直保留至今，只不过当年吃比萨的小男孩已经成长为分享比萨的冠军。

如今，当年的冠军斯蒂奇已经退役成为巴塞尔赛的赛事总监，而小费德勒的球童生涯并未止于巴塞尔赛，他曾经在比自己大10个月的"瑞士公主"辛吉斯的比赛中担任球童，后来他们俩在2001年一起获得霍普曼杯的冠军。费德勒当过1994年巴塞尔赛冠军维尼·费雷拉的球童，当时两人还一起合影，日后费德勒成为费雷拉

的双打搭档，把当年的照片拿给他看，费雷拉难以置信。

费德勒曾在采访中回忆说："我记得第一次当球童的紧张，我当时站在底角处，在这天比赛结束之后我全身都是僵硬的，因为我当时神经绷得很紧，想让自己不犯任何错误。我最大的印象就是自己一直很紧张，但是我很开心能够近距离地接触到球员，我当时想他们有新的球拍、新的装备，这太完美了。"

"我喜欢当球童，在这里我可以看到世界顶尖的网球选手比赛，学习他们赛前的热身准备，欣赏他们在比赛中的挥汗如雨，看他们处在劣势中如何逆风翻盘，这些美好的回忆让我获益良多。"

至于当年那块奖章，费德勒笑称自己真的还保留着，甚至现在

去参加比赛，当地球童会把自己的奖章送给自己留作纪念。"可能在我心里，自己依旧是当年那个小球童。"费德勒感慨道。

正是因为自己也做过球童，因此费德勒理解和自己喜欢的球员近距离接触，以及得到他们签名的兴奋感，他也因此对各地比赛的球童非常友善，绅士风度是他最闪亮的标签，然而就是这样以绅士闻名的"费天王"，也曾有叛逆不羁的时候。

04 叛逆少年

　　1993年，11岁的费德勒首次赢得了瑞士的全国冠军，他在12岁以下室内锦标赛决赛中，击败自己的童年好友齐乌迪内里夺冠。六个月后，他又在贝利佐纳举行的瑞士12岁以下室外锦标赛决赛中战胜施奈德而捧杯。

王　子

随着成绩的提高，费德勒的脾气也是越发古怪，负面情绪的干扰常常让他在比赛中失控，小小年纪，摔拍子的频率不亚于当时的网坛名将。

有一年冬天，在输掉一场比赛后，罗伯特开车来接费德勒回家，一路上费德勒都在喋喋不休，不断大声咒骂。罗伯特本来准备冷处理，但费德勒却骂个不停。罗伯特忍无可忍停下车，直接把费德勒从车子里拖出来，一把抓起他的头，按进路边的积雪里，让他冷静下来。"不管罗杰什么时候输掉比赛，我们都不会责怪他。但如果他行为失当，还不知道检点，我们绝不会任由他这样发展下去。我们允许儿子有点野，但他得为自己所做的负责。如果他给自己挖个洞，他就得自己想办法爬出来。" 勒内特说。

但很长一段时间里，费德勒都困在里面出不来。他不懂得如何对待失利，很小的时候，但凡他的小对手们赢了他一分，他就会说："哼，他们那是幸运。"长大后，面对经常击败他的对手，他心里几乎带着一种"怨恨"的情绪，不是对对手，而是对自己。

"我不停地诅咒并且随意摔拍子，"费德勒在早年的采访时回忆说，"那确实不好。我的父母感到很尴尬，他们让我别再那么做，否则就再也不陪伴我参加赛事。我不得不冷静下来，但那是一个极端漫长的过程。我想我是太早就开始追寻完美了。"

14岁的时候，费德勒决定加入瑞士国家网球中心"网球培育"计划，去位于另外一州全国最知名的网球中心训练。"这是他自己的决定，他说他想要去，并且已经准备好了。我在一次比赛之后问他是否认真考虑过，他跟我说是的。"勒内特说。

对于年幼的罗杰来说，从巴塞尔到另外一个州为他打开了一扇窗，这对于他来说是一个新的世界。"前三个月的状况并不怎么

样，每次周日罗杰登上火车的时候，他都会哭鼻子。但是这是他自己的决定，现在他总在说那很值得。"勒内特回忆道，"很多时候对他都很困难，他在训练中不是一个模范学生，但是他总能熬过去。他对于网球的热爱是如此强烈，他用自己的灵魂热爱网球。有一次我需要到他在本地的学校找校长，因为他总是睡过头、上课迟到，这都是因为网球。"

因为费德勒无法跟别人表达自己的迷茫，只能把内心的恐惧和孤独通过另外一种形式释放出来。他花了很长时间才越过心里的这道坎，甚至在17岁时接受专业心理治疗师的辅导，这段经历，他和他的家人都曾不愿提及。

王 子

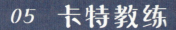

05　卡特教练

　　"太好了，我遇到一个很有前途的孩子，他才十二三岁。"皮特·卡特的父亲曾经说自己的儿子有天晚上回家，兴奋地对自己讲述在俱乐部见到的网球天才。

　　皮特·卡特在1993年成为"老男孩网球俱乐部"的全职教练，而该俱乐部的总教练卡科夫斯基正是费德勒的启蒙教练，小费德勒8岁跟着他一起练球。而卡特的到来成为费德勒人生一个重要的转折点。

　　卡特出生于1964年，家在澳大利亚南部的巴罗萨山谷，毕业于澳大利亚体育学院，是一名网球职业选手，但不是一个"称职"的职业选手，职业生涯最高排名仅第173位。

　　1984年，卡特参加一个在瑞士的低级别巡回赛，尽管成绩不理想，但却被当地的"老男孩网球俱乐部"看

王子

励志名人传之网球天王

上，他们希望将卡特纳入麾下，让他作为选手为俱乐部效力去参加比赛，卡特同意了。20世纪90年代初，他不仅作为球员参赛，还积极担任俱乐部的教练工作，也正是在那时他开始接触费德勒。

他在正式成为全职教练之后的首要任务，就是为年轻网球运动员建立一个指导计划。12岁的费德勒是他重点的培养对象。

在卡特作为职业球员的时代，他是单反击球的拥趸者，但在费德勒的少年时代，整个网坛主流技术形式由发球上网转变为底线相持。又由于双手反拍击球的稳定性较强，所以当时大部分的年轻球员都选择双反击球。年轻的费德勒也有些迷茫，但卡特一直支持着费德勒使用单反击球。

当时费德勒的反手旋转有余，但力量不足，在比赛中反手得分率劣势非常明显，卡特就把大部分时间都倾注在费德勒的反手锤炼上，使费德勒从被迫反手削球中找到单反的自信，同时提高费德勒在网前截击的能力，双管齐下，效果显著。这才有了日后费德勒优雅的标志性单反。另外卡特还是发球上网型的球员，他也将这一秘籍传授给费德勒，这成为费德勒日后比赛中的撒手锏之一。

卡特性格沉稳，阳光帅气，金色的直发下是一双蓝色迷人的眼睛，他待人亲切友善，做事严肃认真，是教练圈里出名的好人缘，大家都亲切地唤他"皮特"，不论男女老少。他和费德勒"亦师亦友"的关系，也潜移默化地改变着费德勒的性格，对费德勒日后的成长影响极大。

卡特对费德勒的指导跨越了费德勒整个青少年时期，费德勒14岁告别"老男孩网球俱乐部"，转战瑞士国家网球中心训练期间，卡特仍然是他的教练，当时卡特也是"网球培育"计划的核心负责人之一。1998年，费德勒准备加入职业网坛，卡特因不愿意花太多时间长途旅行，决定不再担任费德勒的全职教练，从而成为瑞士男子网球队和戴维斯杯队的主教练。尽管如此，当时费德勒仍然与他

保持密切联系，经常性地向他寻求指导建议。

费德勒的启蒙教练塞普利·卡科夫斯基回忆道："皮特不仅是罗杰理想的教练，也是一个好朋友，他还是一位优秀的讲师和心理学家。"

不幸的是，2002年8月1日，卡特在南非旅游时遭遇一场车祸丧生。当时费德勒正在多伦多比赛，听到这个消息的他几近崩溃。费德勒在双打比赛时带上黑色臂章以纪念卡特，无法集中精神的费德勒毫不意外地输掉了比赛。

费德勒对卡特的离世耿耿于怀："我是罪人，他原本不想外出度假的，是我说服他出门放松放松，没想到这一去……"

深深的自责和愧疚使费德勒的低迷状态持续近两个月，直到10月卡特葬礼结束后，费德勒才终于振作起来，他知道只有自己打出好成绩，才是对自己寄予厚望的卡特最好的慰藉。

2003年6月，费德勒在温布尔顿网球公开赛夺得职业生涯首个大满贯。赛后他动情地说到自己的恩师："是卡特让我真正睁开眼睛看清网球，他改变了我对网球玩世不恭的态度。他是老师，更是朋友，是我今生无法回报的恩情。"

2019年1月，费德勒在接受美国媒体采访时，主持人不小心问到卡特，哪怕距离恩师去世已经过去17年，费德勒依旧热泪盈眶："从来没有像现在这样崩溃过。"费德勒无比的伤悲，抑制不住的哀悼情怀让他罕见地在采访中落泪。

【费德勒以卡特为榜样，严格要求自己，曾经的"叛逆"少年变得越来越沉稳大气，卡特用他的人格魅力和技术能力塑造了费德勒的网球风格与职业精神。】

"皮特不是我的第一任教练，却是我真正的导师，他是我生命中一个非常重要的人，如果我今天能对今天的成绩说声谢谢的话，那就是对皮特说的。"

费德勒也在用自己的方式表达着自己的感谢，自2005年以来，每年的澳大利亚网球公开赛（以下简称"澳网"），他都邀请卡特住在阿德莱德的父母前往墨尔本观看自己的比赛，并支付他们所有的费用。

06 崭露头角

时间来到1998年，费德勒的刻苦训练换来的是硕果累累，他在青少年比赛中可谓顺风顺水，不但在硬地和红土赛季锋芒毕露，还在草地赛季迎来他当时职业生涯的最大胜利。

开年，他在澳大利亚举行的维多利亚青少年锦标赛中夺冠，又在接下来的澳网青少年组赛事中闯进半决赛；来到泥地赛季，他在意大利的佛罗伦萨赢得国际青少年赛事的冠军头衔，但在法国网球公开赛（以下简称"法网"）中首轮就被淘汰出局。

但瑕不掩瑜，费德勒当时的年纪和成绩，足以证明他确实是一位能够在任何类型场地上赢球的全能型球员。放眼全世界，他的技术水平远在同年龄段的球员之上，他可以轻而易举地在最高

水准的国际青少年网球赛事中角逐，对手大多是年长他一岁到18个月的球员。

7月，温布尔登，费德勒迎来他职业生涯到那时为止的最重大胜利。温网青少年组男单决赛，他以两个6：4击败格鲁吉亚人伊拉克利·拉巴德兹夺冠，成为继1976年的冈特哈德之后首位赢得这项桂冠的瑞士球员。

不仅如此，他还和比利时的奥利弗·罗克斯联手拿下青少年组的男双比赛桂冠。一站双赛，一次双冠。"我感到相当满意，但还不至于兴奋狂喜。"费德勒这样表白，而他的冷静令人吃惊。身边的皮特·卡特则不吝赞美之词："罗杰在比赛中拥有职业球员般的专注力。"

作为赢得温网青少年组冠军的奖励，费德勒从加斯塔德举行的瑞士公开赛赛事总监科比·赫曼加特那里得到一张外卡。

新晋大满贯青少年冠军，历年来都是媒体关注的焦点，辗转到祖国参赛的费德勒，一时风头无两。他的比赛被特意安排在第二天，也就是周二举行，赛会在周一特意为他举行新闻发布会，谈论他在温网青少年比赛中的成功以及他在ATP巡回赛的职业首秀。在谈到加斯塔德站赛会组织者将把他的比赛安排在何处时，他充满自信地表示当然是中心球场。

　　费德勒抽到的首轮对手是当时排名世界第41位的德国球员托米·哈斯，可惜哈斯因腹痛，在比赛开始前的几分钟决定退出赛事，当天加斯塔德一号球场数千名观众，迎来的是一场"打折"的比赛。作为资格赛中的"幸运失利者"，卢卡斯·阿诺德成为费德勒的对手。这位世界排名第88位的阿根廷红土好手以6：4和6：4击败费德勒，但阿诺德赛后承认，他对这个16岁的少年印象深刻："他打得就像是皮特·桑普拉斯，而且还拥有很棒的发球。"

　　赛后费德勒总结这场失利，抱怨是自己的失误太多，失误率成为比赛的关键。"我拼得很凶，但却发挥得并不好；如果我打得再好一些的话，我就能够赢球。和与青少年球员的比赛相比，与职业球员比赛中你必须跑动得更多，而且职业球员不会犯那么多错误。"

　　虽然遗憾地与自己职业生涯巡回赛正赛首胜擦肩而过，但胜利女神的橄榄枝很快就抛给了费德勒。9月末的法国图卢兹，费德勒一路过关斩将，连赢六场比赛，从资格赛打进正赛1/4决赛，最终以6：7（5）（注：括号内数字表示抢七局中负方的分数）和2：6败给让·西梅林克，当时世界排名第20位的荷兰人两天之后顺势赢得赛事冠军。不过，费德勒也收获丰富的回报，除10800美元的奖金以外，他的世界排名横跨近500人，来到了第396位。

　　作为对他在图卢兹取得战绩的认可，费德勒又从瑞士巴塞尔公开赛的赛事总监罗杰·布伦瓦尔德那里得到一张宝贵外卡。曾经在这里为众多大牌球员递网球的小球童，仅仅在四年之后，便成为这项赛事的一位竞争者。

　　对于费德勒来说，瑞士巴塞尔赛在自己心目中的地位就像是大满贯赛事。圣雅各布什尔是他的梦中之地，就好像温布尔登的中心球场。

　　但他遭遇的首轮对手就是当时如日中天的美国球员安德烈·阿加西，这位当时排名第8位的前世界头号球员，并没有对"后辈"手下留情，仅让对方得到5局，便以6：3和6：2将他横扫出局。事后他还轻描淡写地表示，自己赢得过于轻松，而这位本土新宠儿并没有给他留下什么过于深刻的印象。

在9000名现场球迷以及众多电视观众的注视下，费德勒和有史以来最伟大的球员之一阿加西比赛，人们对这个冉冉升起的本土新星充满好奇，所有的报纸都撰写有关他的文章。费德勒也在这时拿到了耐克和威尔逊这样世界顶尖品牌提供的赞助。

一年的赛季接近尾声，费德勒希望能够以世界排名第一的青少年球员身份，结束这个赛季，因为这将影响着重大赛事的外卡资格和商业赞助，12月份在迈阿密举办的橘子碗杯成为费德勒务必拿下的一场比赛。

这项青少年选手的殿堂级赛事场馆位于迈阿密城区附近的小岛天堂里，比斯坎湾克兰顿公园的网球中心，堪称网球巡回赛中最美丽的地方之一，被誉为"第五大满贯"的迈阿密公开赛每年3月份也会在这里举行。

费德勒的开局并不顺利，他以5：7、7：6和6：0击败拉脱维亚的瑞蒙斯·斯普罗加，惊险晋级，而他的最大对手、年长他17个月的朱利安·让皮埃尔却没那么走运，他首轮就倒在西班牙人菲·洛佩兹拍下。接下来的一天费德勒没有比赛，但意外不期而至，一场训练中的胡闹，让费德勒的脚不幸扭伤，教练哭笑不得。"我们当时正在进行体能训练，罗杰又开始捣乱，他就像一只猴子那样上蹿下跳，像人猿泰山那样东奔西跑，突然，他的脚一侧着地并且扭伤。情况看上去很糟糕，他的脚肿得很高，意外的伤病令他深感震惊。"

尽管身处不利，但费德勒仍然坚持带伤上阵，并一盘未失地赢下接下来的三场比赛。半决赛时，他的脚实际上已经消肿，而他也以两个6：4赢下纳尔班迪安，这场胜利报了美国网球公开赛（以下简称"美网"）输给对手的一箭之仇。决赛中，费德勒7：5和6：3

击败强大的阿根廷球员奎勒莫·科里亚。费德勒带着一个放满橘子的碗心满意足地离开了迈阿密。

【这一年，费德勒正式成为一名职业选手。】

07 处子赛季

　　宽松肥大的卫衣，稚气未脱的脸庞，顶着一头在迈阿密花250美元烫染的金发，费德勒意气风发，这是他拿下青少年排名第一对自己的奖励。除此之外，他还获得8张宝贵的巡回赛外卡，这使他不必从资格赛打起，就可以直接进入巡回赛正赛，更有机会和高排名的高手过招，但这也让他的取胜变得异常艰难。

　　1999年新赛季开始，费德勒室内赛和室外赛的成绩呈两极分化。从小在巴塞尔适应室内赛的费德勒，年初赛季进行得顺风顺水。

　　在1月份德国海尔布洛恩举行的一项挑战赛中，他连胜六场，最终打入半决赛，这一成果令他跻身世界前250位。2月初在马赛，他取得职业生涯早期中最重大的胜利，排名第243位的他在首轮击败了法网冠军、来自西班牙的世界第5号球员卡洛斯·莫亚，并且最终打入1/4决赛。他以相似的方式在随后的鹿特丹站资格赛中杀出，随后再次打入1/4决赛，但在决胜盘3∶1领先世界二号球员叶甫根尼·卡费尔尼科夫的情况下被对手翻盘。尽管如此，费德勒在2月底已成为世界前130位选手中的一员。

但来到室外赛季，费德勒在比斯坎湾、蒙特卡洛、巴黎、女王杯赛、温布尔登、加斯塔德和华盛顿特区连续遭遇七场首轮败阵，和之前室内赛的成绩形成鲜明反差。

1999年5月25日，还未满18岁的费德勒凭借一张宝贵的外卡，在法网迎来了自己的大满贯正赛首秀，开启了自己在大满贯上的传奇之旅。作为当年法网最年轻的参赛选手，费德勒当时的世界排名只有111位，而他首轮就碰上了时任世界排名第三的澳大利亚名将拉夫特。

当年拉夫特正值职业生涯巅峰，1997年和1998年他背靠背拿下了两个美网冠军，红土球场上也不是等闲之辈，1997年曾闯进法网半决赛，本届法网前几周的罗马大师赛更是挺进了决赛。背靠这位球星的光环，费德勒大满贯首秀就荣登法网的第二大球场——苏珊·朗格伦球场。

那年的苏珊·朗格伦球场还没有安装顶棚，5月的巴黎骄阳似火，但能容纳一万人的球场却座无虚席。拉夫特为人亲切和善，给球迷签名合影毫不吝啬，虽名气不及有着"澳洲野兔"之称的同胞休伊特，但也是出了名的好人缘，而费德勒当年只是刚出道的新人球手，温网青少年冠军是他能拿得出手的最佳成绩，当年的观众为谁而来，不言而喻，而谁能想到当年那个名不见经传的少年，如今走到哪里都是全球主场。

实力、名气……各个方面的悬殊或许注定这是一场没有悬念的比赛。但面对强敌，年轻的费德勒展现了自己的冲击力，耗时41分钟，7∶5，他拿下了大满贯首秀的首盘胜利，费德勒和拉夫特都默

HOME COURT

契地穿了红色战袍出场，但开门红属于费德勒。

　　盘间休息，欧洲体育的解说不断阐述着费德勒的履历，试图让观众快速了解这个让赛会3号种子首盘就面露难色的年轻球员。"真是一位令人印象深刻的球员，费德勒这个名字，未来可能会家喻户晓"，当年解说一句无心插柳的评论，成了当今的"神预言"。

　　但姜还是老的辣，次盘拉夫特还是凭借经验上的优势，6∶3扳回一盘；第三盘开始，费德勒明显表现出不安，一上来发球局就被破，对手的接连得分，让他像个走失的小孩，满脸写着忐忑，眼神慌乱地在观众席摸索，试图通过团队的肯定，获得一丝安慰。

　　拉夫特像丛林里敏锐的毒蛇，察觉猎物的恐慌，乘胜追击，打法更加激进和果敢，让费德勒节奏大乱，引以为傲的反手也开始出现破绽，上网被穿，回球出界，虽然费德勒依旧有精彩制胜分呈现，但比分已经无力回天，费德勒第三盘吞蛋被逆转，拉夫特仿佛想用这个比分为首盘的失利挽回一些颜面。

比赛过半的局间，拉夫特和费德勒的战袍已被汗水浸湿，两人又默契地先后换上了白色战袍，那个年代的潮流让男子球员都喜欢穿oversize的T恤。拉夫特一记网前小球，费德勒狂奔而去，就像在沙漠中掀起一道白浪，疾风勾勒出他略显消瘦的身躯，配上稚气未脱的面容、反戴的棒球帽，费德勒就像日漫里的少年，救得不仅是一颗网球，更是在全力以赴奔向自己更耀眼的未来。

比分最终定格在5∶7、6∶3、6∶0、6∶2，拉夫特逆转取胜晋级。从当年视频的集锦中，我们不乏看到费德勒如今的身影，潇洒优雅的反手，从容流畅的击球，其中一记背身反手击球制胜分，让解说惊呼："就是这个球，我断定他前途无量。"

多年后费德勒在采访中谈到这段大满贯首秀的经历，依旧感慨万千："拉夫特是当时最受欢迎的球员之一，托他的福，我大满贯首秀是在法网第二大球场，而不是第23号球场之类的，我喜欢在大球场比赛，虽然没赢，但是我一生难忘的宝贵经历。"

这一年，他还首次参加戴维斯杯赛事，完成为国效力的处子秀，但成绩也是喜忧参半。

4月小组赛，费德勒以6∶4、6∶7（3）、6∶3和6∶4决定性地击败意大利的头号球员、世界排名第48位的戴维德·桑奎内蒂。意大利队队长帕洛·贝尔托鲁齐事后赞扬费德勒道："很不幸费德勒是我们的对手，但看他打球真是很有乐趣，这个世界上不会有太多人能够把网球打得像他那样美妙。"

7月，戴维斯杯1/4决赛，瑞士队在布鲁塞尔面对东道主比利时队，比费德勒排名更高的队友罗塞特因身体不适退出单打比赛，还未满18岁的费德勒被迫独挑大梁，可惜他未能承担起这份重担，在两场单打比赛中分别输给里斯托弗·范加斯和沙维亚·马力斯。

然而，秋天的到来让费德勒很快从失利的阴影中走出来，因为他最擅长的室内赛到了。凭借在乌兹别克斯坦的塔什干站上首轮击败温布尔登和美国公开赛前亚军得主、法国人施德里克·皮奥林，费德勒成为当时进入世界排名前100最年轻的球员。在赛季结束之前，他又在ATP巡回赛中打败另外七位对手，并且在维也纳打入他职业生涯的首个ATP巡回赛四强。他以在法国布雷斯特赢得一项挑战赛事的方式结束了这个赛季，这也是他最后一次在挑战赛或卫星赛级别的赛事中出现。从此之后，费德勒就只参加ATP巡回赛事和大满贯赛事。从一位缺乏经验的新人到一位确定无疑的职业球员之间的转变过程，只用了他大约一年的时间。

他的新秀赛季在ATP巡回赛、大满贯赛事以及戴维斯杯赛中取得13胜17负的总战绩，他在世界排名榜上从第302位提升到第64位，收获223859美元的赛季总奖金额，这对于一位18岁的新人来说实在令人印象深刻。"我从来还没有想到我的排名能这么快就上升到如此的高度，"费德勒说道，"我的目标原本只是进入世界前200位。"

RANKING 64

征服

PART
2

01 情定悉尼

2000年，是千禧之年，也是奥运之年，四年一度的体坛盛会在悉尼隆重揭幕，但首次为国出战奥运会的费德勒，回忆并不尽美好。他虽然一路过关斩将，赢得了四场胜利，但却在半决赛中发挥保守，不敌好友托米·哈斯，失去了成为网球历史上最年轻的奥运会金牌得主的机会。在随后的铜牌战中，他又爆冷输给了排名仅61位的法国人阿诺·迪帕斯奎尔，这让年轻的费德勒遭受了他职业生涯中最令人失望的时刻之一。

"我真是不该输掉。"赛后费德勒在接受采访时懊悔地说道，"我真希望能够站在领奖台上，而现在，除了我的自尊心之外，我再没有任何东西可以带回家乡。"

然而在离开悉尼时，费德勒并非一无所有。正所谓球场失意，情场得意，费德勒在悉尼收获了自己一生的挚爱：自己的同胞、未来的妻子、四个孩子的妈妈——米尔卡。

米尔卡1978年出生在前捷克斯洛伐克，是家中的独女。2岁时

BELOVED

随父母定居瑞士，9岁才开始接触网球，但米尔卡良好的体格和运动天赋让她在网球场上表现出色。17岁，她已经是世界前300位的球员了。

2000年，22岁的米尔卡首次打入世界前100位的排名。尽管她的排名还无法让她有资格参加悉尼奥运会，但她幸运地获得了一张外卡，然而在首轮比赛中，她仅拿到两局就草草败北，不敌当年的银牌得主、俄罗斯人叶莲娜·德蒙蒂埃娃，无缘晋级。

她还来不及从失利的阴影中走出来，就承担起安慰费德勒的责任，比费德勒大3岁的米尔卡，在团队中一直像个大姐姐一样照顾着他。失落的费德勒发现自己对米尔卡产生了不一样的情愫，随后便开始了对米尔卡的疯狂追求，最终两人牵手成功，情定悉尼。

相遇是机缘巧合，相识是冥冥注定，相爱是水到渠成。"我遇到她的时候，还没有拿到一个冠军。"费德勒温柔回忆道，"她看上去更成熟，我们直到奥运会的最后一天才第一次接吻，她说你好

小，我说自己都18岁半了，她看到我斤斤计较将半岁都算进去，露出'你就是小孩子'的表情。"

可惜，本该拥有很好职业前途的米尔卡因意外的伤病早早地远离了球场，但她把对网球的热情倾注在费德勒的身上，她跟随费德勒飞往世界各地参加比赛，打理丈夫的日常起居生活，预订酒店机票和采访，充当着经纪人的角色，偶尔还会拿起熟悉的网球拍，当一个"兼职"的陪练，两人的爱情没有惊心动魄的海誓山盟，只是平淡生活中的细水长流，费德勒光鲜亮丽的成绩背后，离不开米尔卡默默付出的爱。

米尔卡的相貌并不出众，日夜操劳又先后生养了两对双胞胎，身材发福走样后，甚至有网友称她配不上费德勒。每每听到这种言论，费德勒都挺身而出，在镜头面前毫不吝啬对米尔卡的赞美，甚至含情脉脉地告白，他不止一次对媒体说："没有米尔卡，根本就不会有今天的我。"这是一对令人艳羡的网坛情侣，20多年的相濡以沫，相比前辈阿加西，费德勒的花边新闻可以说干净得像张白纸，2019年费德勒在38岁的年纪夺得职业生涯第20个大满贯时，他依旧会像个小孩子一样附在米尔卡的肩头喜极而泣，无不令镜头前的观众动容。

费德勒在2009年与米尔卡结束了爱情长跑，并于同年和2014年分别获得了两对双胞胎儿女，如此小概率事件的发生，仿佛就是来自上天对这对神仙眷侣的肯定，青山绿水彩云间，不羡鸳鸯不羡仙，一个"好"字不够，要"好"上加"好"。

02 新星升起

"我可能再也拿不到一个冠军了！"

千禧年的2月份，费德勒与职业生涯的首座公开赛冠军擦肩而过，这个扎着辫子的毛头小子在更衣室里崩溃地痛哭流涕，当时的费德勒不会想到，来年他就收获了个人ATP的第一冠，当选2001年2月ATP最佳球员，更没人想到，这个瑞士小伙到2019年能完成百冠里程碑，超长待机超过20年。

2001年2月初，地中海气候的意大利冬季不会太冷，气温总是在0℃以上，但是多雨。从1973年开始举办的米兰室内赛走进办赛的第28个年头，一位长发少年从澳大利亚风尘仆仆地赶到，这时候的费德勒19岁6个月，在澳网止步32强的成绩对他来说并不算突破，毕竟这已经是他第7次参加大满贯，而此前最好的一次是在去年法网，他闯入十六强，被期许为天才少年的费德勒想证明自己的渴望已经膨胀到临界点。

过去的一个年头里，费德勒先后打进马赛站和瑞士室内赛决赛，但两次的一步之遥没能成就瑞士少年的梦，费德勒先是抢七惜败于瑞士老大哥罗赛特，之后更是在家乡巴塞尔遭到瑞典名将恩奎斯特的打击，这也成为费德勒对在家乡夺冠的执念之始。转入职业球员物换星移已四载，巡回赛头衔颗粒无收，当时世界排名第27位的费德勒心中空有的一腔怒火，静待米兰的冬雨浇注。

米兰室内赛虽然只有250积分，但对一个初出茅庐的欧洲新手来说，能在离家乡仅一小时车程之远的城市拿下生涯首冠，也是一个浪漫的开场。这不是费德勒第一次参加米兰室内赛，去年他曾打入八强，换来第二次参赛7号种子的签表。

首场交锋，费德勒遇到比自己早三年转入职业的德国人莱纳·舒特勒，他在1999年的多哈赛上收获职业生涯首冠。职业生涯第二次交手，费德勒依旧当仁不让，两盘轻松击败对手。第二轮则是遇到法国资格赛球员西里尔，这对费德勒来说不在话下，虽然小有波折，但还是闯入八强，然而接下来，考验才刚刚开始。

费德勒在下半赛区遇到克罗地亚名将伊万尼塞维奇，当时克罗地亚人已手握21座ATP冠军，虽然在1998年遭受左肩伤病后久违赛场，回归的伊万尼塞维奇依旧是一位具有威力的发球神将。当人们

以为这将是一场精彩的新旧较量的时候，年轻的费德勒展示出不同于那个年代的新派风格，相比于伊万尼塞维奇用ACE球发力取胜的"一斧子"球风，费德勒超攻击型打法，变化多端的反手，显然更加灵巧和优雅，尽管这一年的费德勒才是一个不到20岁的新人。

【伊万尼塞维奇输了，后来这位温网冠军感慨道："费德勒是我遇到过的最具技术和最有天赋的球员。"直到退役，伊万尼塞维奇也没能在赛场上再次击败费德勒。】

打入八强实属不易，当然没有人看好费德勒能笑到最后，因

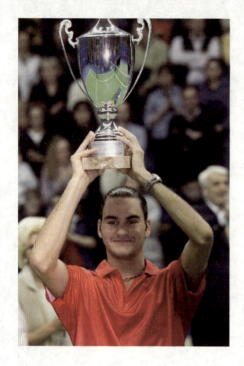

为半决赛有一位奥运冠军在等着他，正处于巅峰期的俄罗斯名将卡费尔尼科夫，2000年悉尼奥运会夺下男单金牌的他一时风头无两，此前费德勒从没有赢过卡费尔尼科夫。一年之前的温网比赛首轮中，费德勒连丢三盘吞下失败的苦果，再一次相遇，后者已经奥运金牌加身。但这场半决赛的结果再次让人出乎意料，费德勒在首盘打出6：2的成绩，第二盘比赛俄罗斯名将却是靠抢七才险胜，第三盘，扎着小辫的少年打出6：3的成绩，1小时50分钟的比赛里，费德勒发出14记ACE球，瑞士少年眼里米兰多雨转晴。决赛对费德勒来说并不难，他渴望且谨慎地击败法国选手布特，摘得生涯首个单打冠军，一颗未来的天王巨星，在米兰冉冉升起！

带着世界第27位的排名来参赛的少年赛后还是哭了，但这次是处于喜悦，他用带着欧洲口音的英语说道："我的下一个目标是打入世界前15。是的，我将目标定得很高，但这并非不可能实现。"

少年脸上稚气未退，但说出的话没有半句掺假，费德勒在2月份获得14胜2负的佳绩，其中包括在瑞士队战胜美国队的戴维斯杯赛事中赢得两场单打比赛，仅在一个月后，费德勒的排名就上升到了世界第6位。

名声初显的费德勒被人们拿来与当时的"红粉"库尔尼科娃做比较，这让年少的费德勒感到压力，但在收获一个冠军奖杯后，瑞士少年自信地说道："我比她多赢了一个冠军，所以感觉好一些。"很快，再也没有人拿他和库尔尼科娃放在一起说事，俄罗斯姑娘在网球界早就成了"吉祥物"式的人物。

米兰室内赛在2005年就已停办，比赛所采用的地毯球场自2008年后就不再使用，签表中除费德勒之外的其他选手均已退役。后人才意识到费德勒拿冠军拿了那么久，久到他第一次夺冠的那项赛事已不复存。时隔多年费德勒依然感慨："那一刻对我的职业生涯意义重大！"

在夺得首冠之后，费德勒随后又在鹿特丹和格斯塔德分别夺得双打冠军。不过那一年瑞士少年也开始体会到从一流选手向顶尖高手迈进的艰辛，他在鹿特丹和巴塞尔两次屈居亚军，迈阿密、蒙特卡洛大师赛都止步于八强，不过在大满贯的赛场，费德勒再次制造惊喜，第三次征战罗兰加洛斯的他更进一步，他闯进法网八强，这是费德勒职业生涯首次闯进了大满贯八强！而在晋级过程中，费德勒在第二轮面对亚美尼亚老将萨吉西安时，曾遭遇巨大险情，一上来就连丢两盘。好在年轻的瑞士人及时提升状态，最终是通过长盘大战险胜，并随后再胜两场，打进了生涯首个大满贯八强，瑞士天才横空出世，"费德勒定律"发轫之始。

03 权杖交接

每年6月，如果你正走在英国伦敦，当你呼吸的时候，你的肺中将充盈着带有草莓味的空气，如果你来到距离市中心约11千米的温布尔登小镇，那里的空气将更加特别，草莓与奶油的芬芳在空气中交融，夹带着草地蒸发出的泥土味。网坛四大满贯赛事之一的温网复苏，温布尔登这个宁静的小镇再次热闹起来。

按岁数来看，温网是毫无疑问的"四大满贯"之首，温布尔登网球锦标赛也称"全英草地网球锦标赛"，创办于1877年，是现代网球历史上最早举办的赛事，最初温网只有男子单打比赛，1879年才始有男子双打，1884年增加女子单打，女子双打和混合双打在1913年加入。

作为历史最悠久的网球赛事，温网在1968年网球公开时代到来之前，只对顶级的业余选手开放，1901年起允许英联邦各国派代表参赛，1905年开始扩大为国际赛事。温网百年来一直弥漫着英式浪漫，纯白的网球服显示对英国皇室的尊敬，赛场挡板不设广告为保留网球的纯洁，还有那未曾改变的"温网标配"——奶油草莓。

体坛有一句话叫"偶像就是用来打败的，纪录就是用来超越的"，如果说能在赛场上击败自己的偶像，那股快乐劲绝不亚于获得冠军。

2001年的温布尔登之夏，19岁的费德勒打出值得一生纪念的比赛，这场比赛被后来者称为球王"权杖交接"之战，也被称为网坛"世纪之战"。

带着职业生涯第一座巡回赛奖杯和法网八强的个人最好成绩，费德勒第三年踏上温网赛场时已经是15号种子了，此前两年费德勒皆是一轮游，以至于费德勒一直对草场地有着征服的欲望，这也促使之后费德勒成为"草地之王"。

在交了两年学费之后，费德勒首轮碰到自己曾经的双打搭档——比利时人罗胡斯，他俩曾于1998年搭档赢得温布尔登网球赛男子少年组冠军。此时的瑞士青年意气风发，直落三盘，收获了个

人在温网的首胜，瑞士男孩击败儿时搭档，开始了不一样的人生。之后费德勒有惊无险依次击败另一位年轻的比利时球员和瑞典双打名将约纳斯·比约克曼，与偶像的同场竞技近在眼前。

时年29岁的桑普拉斯在温布尔登的纪录是令人震惊的，他赢得了过去八届赛事中的七次桂冠，在过去57场比赛中唯一的失手，是在1996年的1/4决赛中被最终的冠军得主、"荷兰巨人"理查德·克拉吉塞克挫败。在这场与费德勒的比赛之前，他在温布尔登的连胜纪录已达到了31场。虽然2001赛季对于他来说远非成功，仅仅打入一项赛事的决赛，世界排名已滑落至第6位。但凭借他在温网的辉煌历史，桑普拉斯仍清楚地撂下一句话："在温布尔登，我仍是众矢之的。"

同属狮子座的桑普拉斯和费德勒极为相似，相近的体形，同样擅长在以速度和技巧性为攻势的温布尔登的草地上作战，经过多年回看，后来成熟的费德勒与桑普拉斯的性格也有诸多相同点：冷

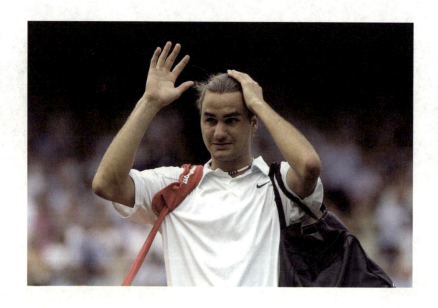

静、平淡而又沉稳。

2001年7月2日，一位背着鲜红色网球包、头绑运动发带的长发少年走进温网中央球场，带着青年才俊独有的张扬个性。桑普拉斯则是背着黑色网球包，一如既往的低调。在这个容纳着15000名观众的球场，"世纪之战"拉开序幕。

费德勒和桑普拉斯球风都干净利落，直入主题。场面上势均力敌、僵持不下，前三盘费德勒2：1领先。当桑普拉斯在第四盘惊险扳平比分后，在决胜盘以4：4的比分拿下两个破发点时，胜利的天平似乎向桑普拉斯倾斜，难道没有人能阻止"桑神"五连冠的脚步吗？不，这位瑞士少年展现出此前在大满贯赛事中稀缺的韧性与耐心，用截击制胜球和正手制胜球摧毁了桑普拉斯的最佳机会。

在经过3小时41分钟的争夺后，费德勒在赛点猛抽出一记正手接发球直接得分，以7：6（7）、5：7、6：4、6（2）：7和7：5锁定了胜利。当地时间傍晚7点20分，费德勒在获胜的一刻激动地跪倒在地，完全无法抑制住喜悦的泪水。观众都站了起来，为精彩比赛献上掌声。"在和桑普拉斯握手之后，我不禁看向球网的那一边，疑惑于这一切是真的发生了还是只是美梦一场。"他事后说道。

击败当时最强大的对手后，费德勒仍然没在这年走到最后，他在四分之一决赛中输给蒂姆·亨曼，但是对于青春正好的费德勒来说，击败偶像的他已向世人宣告他的无限潜力，这场比赛可以说是费德勒心灵意义上的第一座丰碑，直到十几年后，当被问道最喜欢生涯哪场胜利时，费德勒的选择始终如一：

【"2001年温网赢下桑普拉斯的比赛，要知道，那是我第一次也是最后一次对阵桑普拉斯，还是在温网中央球场。"】

桑普拉斯想追平比约恩·博格温布尔登五连冠的机会被彻底摧毁；在他这样的年纪，机会的窗口已向他永远关闭。输掉比赛后桑普拉斯目瞪口呆地坐在那里，显然他一时还难以接受自己输给19岁的毛头小子这个事实。"网球就是这样，上一分钟你还感觉如鱼得水，下一分钟你就得离开球场。"当时的"草地之王"说，"费德勒的确打出了一场伟大的比赛，但我没有理由恐慌，也没有理由认为我不能回到这里再赢得比赛。"

很可惜，桑普拉斯跟费德勒仅有的一次交锋之后，在草地的统治王朝已经崩塌，第二年仅仅止步在第二轮，三个月后，这位美国传奇重整旗鼓，桑普拉斯四盘击败老对手阿加西，夺得自己职业生涯第14座也是最后一座大满贯男单冠军奖杯后告别网坛，一代球王的传说自此成为记忆。

多年后，桑普拉斯看着接过自己衣钵，并站在网坛之巅的费德勒时也得坦然承认，费德勒是这个星球上最伟大的运动员。

WIN
THE GAME

04 温网圆梦

那场终结桑普拉斯温网31连胜的比赛，一度被认为是19岁的新秀费德勒的职业生涯转折点，但费德勒就像加满油的汽车，刚准备冲刺却突然熄火了。

网球运动员在训练和比赛中，需要做大量的急停急转等高难度动作，这使运动员的肌腱和关节每天都承受着数小时的巨大压力。伤病是家常便饭，也是作为职业运动员需要处理的"重要工作"之一。

费德勒在温网结束后的瑞士公开赛首轮，意外伤到了腹股沟，不得不用夹板将腿部固定。费德勒被迫在家乡的训练基地修养，远离赛场七周时间，错过了蒙特利尔、辛辛那提和印第安纳波利斯等一系列ATP巡回赛事。2001年8月8日，他在病床上庆祝了自己20岁的生日，这个在温布尔登打败了桑普拉斯的人，仍然可以用索尼PS游戏机打发掉整晚的时间。

长时间的休赛令费德勒的状态有些生疏，他在8月底的美国公开赛回归，第四轮惨遭阿加西击败而出局；来到擅长的室内赛情况也并没有好转，莫斯科、斯图加特、巴黎，他连续三站赛事首轮出局，而且还都是三盘输给了排名低于自己的对手。曾经在赛季初一场场胜利积攒的自信心和节奏都已烟消云散，而且，在经过温布尔登赛上对桑普拉斯的杰出表现后，他如今每次走上球场时，人们对他的期待比过去高了很多。

征服

费德勒突破性的一年却最终以失望结束，他以第13位的世界排名结束了这个赛季，未能实现自己闯进ATP年终总决赛的目标。这一年休伊特成为网坛的焦点，这个澳大利亚人不仅在美国公开赛上赢得他的第一个大满贯赛事冠军头衔，还在悉尼举行的ATP年终总决赛上成功夺冠，并顺势加冕年终世界排名第一的桂冠。

教练帕加尼尼从这次费德勒的伤病看到了积极的一面，他自信且清楚地表示，费德勒是因为治疗才耽误了比赛，从而失去了入围年终总决赛的资格。他对费德勒在康复过程中表现出的职业精神给予了高度评价。

2002赛季，费德勒在他进入职业网坛的第四年，依旧是喜忧参半，这是胜利与失败交相辉映的一年。

年初，费德勒新赛季亮相点与去年一致。澳大利亚西海岸线上的"明珠之城"珀斯，一年前在伍德圆顶体育馆的中央，"迷弟"费德勒与"瑞士公主"辛吉斯搭档击败美国队，为瑞士队夺得首个霍普曼杯冠军，这也是费德勒获得的首个重大冠军头衔。

由于与悉尼、墨尔本那些繁华城市有着千山万水的距离，珀斯被称为"世界上最孤独"的城市，不过今年的费德勒可一点都不孤独，瑞士小伙搭档正值当打之年的热恋女友米尔卡共同踏上西澳州府，大有些办公室恋情的意思，不过他们的办公室是网球场。

情定悉尼后的第三年，小情侣已经携手共赴澳大利亚，但金童玉女组合的发挥很一般，没有在霍普曼杯出线，这一年的霍普曼杯冠军是美国队，代表美国参赛的是与费德勒同年的小威廉姆斯，但她已经是一座大满贯的得主了。

在霍普曼杯后，费德勒因女友在侧而动力无限，他在悉尼国际赛击败里奥斯和罗迪克等高手，夺得第2个巡回赛单打冠军，然而接下来的澳网公开赛，费德勒和一起参赛的米尔卡都遇到困难，米尔卡在资格赛首轮就倒下了，这时候米尔卡的脚伤已经越来越严重，退役进入了倒计时。费德勒比女友走得更远一些，瑞士人在澳网闯进第4轮，后被德国人汤米·哈斯击败，又一个失利的大满贯，又一次错过证明自己的机会。

随后在米兰卫冕失利，3月的迈阿密站，费德勒小有突破地进入大师赛决赛，可惜不敌老辣的阿加西，费德勒再次进入一段低迷时期。

在上半年末，费德勒终于迎来小突破，他在几乎不被看好的情况下开始了汉堡之旅，连自己也没有报以很高的期望，或许正是这样放松的心态，让费德勒毫无负担地备战，从而带来了超常发挥，费德勒轻松打入了1/4决赛，并且与三届法网赛冠军库尔腾隔网相

对，费德勒轻而易举地以6：0、1：6和6：2击败了巴西球星。火热的手感让费德勒势不可当，半决赛，白俄罗斯选手米尔尼快速败下阵来。决赛中，费德勒在击败萨芬的过程中没有遇到任何麻烦，以6：1、6：3和6：4赢得这场五盘三胜制的比赛。这次胜利是费德勒作为职业球员的第三项桂冠，并且也是他的首个大师系列赛事冠军——毫无疑问是他职业生涯至此的最大成就。

"他打得太好了，"萨芬赛后淡然地说道，"我始终毫无机会。"

费德勒又一次没能忍住激动的泪水。"那简直就是超级网球，绝对是我这辈子打出过的最棒的比赛。"费德勒还用一杯杯香槟酒款待了记者，并且说道："我决定要收藏一份这场比赛的录像带，我可以一次又一次地反复播放来提升我的自信。"

汉堡赛的大捷让他的名字首次出现在世界前十之列。费德勒到达了又一个职业里程碑。他欢欣鼓舞地憧憬着即将在巴黎和伦敦举行的大满贯赛事。然而命运就像在跟费德勒开过山车玩笑，每一次喜悦都像流星一样，短暂闪亮过后又是黑暗。

作为大满贯夺冠热门的费德勒，接连在法网和温网两个大满贯赛事首轮出局，他的拙劣表现令自己都深感震惊，曾经在赛前媒体面前接受采访所抛下的豪言壮语，在阳光明媚的夏天里变得苍白无力。

很少现场观看儿子比赛的罗伯特，也来到温布尔登现场观战。坐在中央球场的露天看台上，他本来想在这个平静下午，观看完儿子一场例行公事般的首轮胜利。但费德勒的表现令他无法相认。费德勒温网的首轮对手是一位名不见经传的克罗地亚少年——年仅18岁的安西奇，温布尔登是他的大满贯赛事处子秀，他在中央球场击败了费德勒，就像当年费德勒在同样一片场地击败了温布尔登最伟大的冠军桑普拉斯。

　　费德勒因为大满贯的糟糕表现而跌出了世界前十。两周后在家乡的瑞士公开赛上，费德勒次轮又经历了一场出人意料的败局，他的危机令人费解。在那个时刻，费德勒失去了他全部的创造力、打网球的乐趣以及自信心，他在事后说道："我意志消沉，我想我再也无法打网球了。"然而，更大的挫折仍然隐藏在他的前方，并且将从一个他完全没有料到的方向向他袭来。

22岁生日前没有欢乐，盛夏当空劈下一道乌雷，费德勒的启蒙教练皮特·卡特因车祸丧生，这是费德勒人生第一次面对死亡，在恩师的葬礼上，费德勒哭得不能自已，伤痛直接拉扯着费德勒成长，从那以后，他收起了自己对网球的侥幸心理，背负起卡特的希望，并为此付诸行动。10月份，费德勒在维也纳公开赛拿到个人第4座巡回赛冠军，以年终世界排名第六位结束了这带着深沉意味的一年。

从1998年转为职业选手，到2003年温网夺冠之前，包括资格赛在内，费德勒已经足足有过18次大满贯参赛经历，在同期的选手中，费德勒交出的这份成绩单，对网坛来说好比是挠牛皮的小跳蚤、掀不起风浪的透明中等生。不过这五年的蓄力时期对费德勒来说确实是至关重要的，没有瑞士小伙的厚积，哪有"费天王"的薄发，到2003年，费德勒的各项技能得到有效的锻炼，水平有了质的飞跃。

现在费德勒的目标很明确，拿到职业生涯第一个大满贯冠军，然而2003年的开始并不顺利，年初的澳网，费德勒又遇上那个难缠的阿根廷新秀纳尔班迪安，冤家总是相见恨早。1998年美网青少年组决赛纳尔班迪安就狠狠地从费德勒手里抢走了冠军，2002年阿根廷人更是在温网拿到亚军，而那时候的费德勒则是尴尬的一轮游，叫谁看这时候的纳尔班迪安都比费德勒的前景光明，瑞士人的好胜心膨胀了，但是五盘大战下来还是输了比赛，费德勒又一年止步澳网十六强，两位年轻人的长达十年的较量才刚起了个头。

澳网碰壁后，年轻的费德勒没有时间低落，倒是在忙碌的行程中收获3个巡回赛冠军，很快就进入红土赛季，但是年轻人发挥不稳与情绪化的毛病又出来作祟，这给了费德勒一闷棍。法网首轮面

对世界排名第88的秘鲁选手路易斯·霍纳时，他打出令人咂舌的82次非受迫性失误，费德勒被自己吓得不轻："我不知道我还需要多久才能从这场失败中走出来。一天、一周、一年，还是我的整个职业生涯。"

上半年过去了，四大满贯也已经失手两次，费德勒不可避免地陷入自我怀疑中，从小母亲就说"罗杰是个输不起的人"，对此费德勒也不置可否，毕竟从孩童时期，与年长的哥哥们切磋网球输了之后，他就会忍不住咒骂，特别是在洗澡时的肆意怒吼让他觉得很过瘾，遑能与父亲下棋也会恼羞成怒地将棋子扔得满屋都是……现在呢？求胜过急，欲速则不达，费德勒逐渐明白，情绪控制与球技应是齐头并进的一场修行。

收拾好心情后，在法网首轮惨败两周后，费德勒开始草地赛季，他参加德国哈雷公开赛，费德勒以6：1、6：3的比分击败德国人基弗，迅速重建信心。

　　来到伦敦，费德勒以4号种子的身份进入温布尔登网球公开赛签表，并迅速通过前三轮比赛，在第四轮比赛中，他面对洛佩兹，并以直落三盘的成绩获胜，尽管他在赛前热身时背部严重受伤，不得不多次暂停比赛，但是现在已经不是退缩的时刻。除父亲之外，家人和米尔卡都出现在球员看台，同时幸运之神也意外降临，四分之一决赛因下雨被推迟，这让费德勒拥有整整两天的休息时间。雨过天晴后，费德勒恢复状态击败荷兰的8号种子沙尔肯。

【他终于第一次出现在大满贯赛事的半决赛赛场，并且成为继马克·罗塞特之后第二位跻身大满贯赛事男单半决赛的瑞士球员，他的前辈在1996年法国公开赛的半决赛上输给了迈克尔·施蒂希，历史即将被改写。】

　　接下来的新星对决被誉为决赛预演，球迷和专家们都将这场他与安迪·罗迪克之间半决赛的胜者看作温布尔登桂冠的最终得主。

　　尽管费德勒的大满贯纪录相当凄惨，但英国的大部分博彩公司仍将费德勒看作是夺冠热门之一，并为他开出仅列在安德烈·阿加西和安迪·罗迪克之后的5：1的夺冠赔率。

　　罗迪克比费德勒晚两年转入职业，首个赛季就获得3个冠军，并且成功入选当年最年轻的年终排名TOP20，在当时的青少年球手当中，年少多金的罗迪克是名副其实的佼佼者，他是美国网球媒体的宠儿，被认为是美国网球上一代君王阿加西和桑普拉斯王位的最好继承人。

但事实证明，这位未来的"美国大炮"对费德勒没有构成什么威胁，与费德勒本场比赛发出的17记ACE球相比，一向以大力发球著称的罗迪克却只发出了4个。

自称是偷学桑普拉斯绝技的罗迪克擅长发球和正手，但是罗迪克在发挥自己的优势的同时也在不断地暴露自己在反手上的致命缺陷，并且为此付出代价，费德勒打法克制罗迪克，完美取得四连胜，而后来者用网坛界的"林李之争"来描述费德勒和罗迪克之间的关系再合适不过。

从第一轮走到最终对决，费德勒再次惊艳温布尔登，面对赛会非种子的黑马选手、26岁的澳洲大炮菲力普西斯，费德勒发出21记ACE球，几乎是残忍地用对手的绝技将对手灭掉，费德勒一次次打出反手斜线和正手弧线的巧妙回球与截击，三盘较量有两盘打到抢七，都以费德勒的胜利而告终，费德勒用摧枯拉朽的表现证明自己

征服

是一位天生的草场好手。

费德勒来到网前，他双膝跪地、高举双臂、仰望天空，他看见看台上包括妻子在内的团队成员激动兴奋、相互拥抱庆祝。费德勒与他的对手以及主裁判握手，向着为他起立欢呼的现场观众挥手致谢；然后，他左手掩面走回座椅，坐在那里开始哭泣，任由泪水尽情地流淌。

两年前，费德勒在这个场地上阻止一代天王桑普拉斯第8次夺取温网，此时此刻，21岁的费德勒职业生涯里第一次捧起大满贯奖杯。从现在开始，没有人能再对"费德勒才是桑普拉斯最正宗的接班人"这种说法怀有质疑。

【"每当问起我喜爱的比赛，温布尔登的首次夺冠就会浮现在脑海，赢得这项比赛是我小时候一直梦想的，突然间看到它成真，真是不可思议。这是我整个体育生涯中最美丽、最激烈的时刻！"】

05 享誉全球

在获得温网历史性胜利后，费德勒立即飞往祖国瑞士的伯尔尼举办的格斯塔德公开赛，对瑞士少年来说，这项坐落在阿尔卑斯山麓的红土赛事是他成长的见证，这项赛事在1998年给了他第一张外卡。第六年踏上职业生涯的处女地，手中已经握着9座ATP奖杯，其中包括1座大满贯和1座大师赛奖杯，费德勒在这收获了后来"瑞士球王""网球国王"之外最具有特色的外号——"奶牛"。

瑞士新星从这出发，历经六年归来鲜衣怒马，犹如娘家的格斯塔德赛为费德勒举行一个隆重的庆祝仪式，组委会工作人员牵出一头体重800千克、黄白花色的大奶牛，这个庆祝礼物在后来看来选得极妙，奶牛生长于草原，与费德勒擅长草场作战极具相似性。此外，费德勒还真跟奶牛有个特别的契合点——吃草，费德勒小时候由于个人口味原因，一直是只吃素。而改变发生在费德勒16岁那年，当时他被瑞士队戴维斯杯团队叫去做马克罗塞特的陪练，当这位瑞士前辈发现这位男孩真的只吃"草"时，表示完全不能理解。于是找来八种不同的肉，让费德勒挨个尝试，直到找到他喜欢的口味。费德勒表示："从那之后，我就什么肉都能吃了，也的确让我去哪都能方便些，随便吃什么都可以。"

庆祝仪式上，组委会还贴心地送给费德勒一套挤奶工人的服装，费德勒又惊又喜地拍了拍属于他的奶牛，并取了与莎士比亚笔下曼妙女子一样的名字"朱丽叶"，而费德勒也拥有了新的外号，后来在粉丝们的喜爱下衍生成"牛牛""费牛""老牛"等一系列绰号，费德勒的球迷也得名"奶粉"。

2003年费德勒在格斯塔德获得亚军，并在2004年的决赛中四盘战胜安德列夫，拿到个人职业生涯中第18个单打冠军，此后再次回到家乡赛已经是夺冠后的第9年。

虽然在家乡赛中，终结了15连胜，然而，250积分赛的失利并没有减弱费德勒在温布尔登所收获的信心，进入硬地赛季的费德勒的排名已经升到了世界第三位，下一步将是走向世界第一！

然而，费德勒在硬地赛季失去了登上世界第一宝座的首个机会，在蒙特利尔举行的美国大师赛系列赛半决赛中，费德勒以4∶6、6∶3、6（3）∶7的比分输给罗迪克，不过是他在2008年之

励志名人传之网球天王

前最后一次输给罗迪克，两人之间倒是没有那么剑拔弩张，更像是相爱相杀的好兄弟，相较于罗迪克，费德勒与纳尔班迪安之间的火药味就显得更加浓烈。纳尔班迪安有着璀璨的天才光芒和火焰一般旺盛的斗志，这让费德勒啃到硬骨头。在辛辛那提大师赛上，费德勒在第二轮输给阿根廷名将纳尔班迪安，接下来的美网公开赛，2号种子费德勒在第四轮再次遇上纳尔班迪安，费德勒没能走出第四轮魔咒，他1：3不敌对手，无缘八强，而这届比赛成就了罗迪克，随后完成了美国夏季硬地三连冠，"美国大炮"在11月捷足先登，此后他在世界第一位置连续保持13周。

转入秋季的费德勒依旧在世界第一门外逡巡，他在维也纳击败了前世界第一、法网冠军卡洛斯·莫亚，刚有上升苗头之后便接连失利，其中一站是在他的家乡巴塞尔。

好在，作为3号种子并手握"挑战者杯"的费德勒第一次迈进大师杯赛场，也就是后来的ATP世界巡回赛总决赛，这项在每年年底举行的网球锦标赛，参赛者门槛是当年男子网球ATP冠军排名前八的选手。男子网坛年度高手汇聚，这一次武林大会，费德勒挥拍亮剑，以6（2）：7、6：3、7：6（7）的比分击败与桑普拉斯同时期的传奇球员安德烈·阿加西，获得循环赛开门红。随后，费德勒以6：3和6：0的比分直落两盘击败纳尔班迪安，收获具有纪念意义的一胜，这是他职业生涯中第一次击败这位桀骜不驯的阿根廷人，甚至还是给对手送蛋的碾压之局，这让费德勒心中非常得意。

接下来是世界第二的胡安·卡洛斯·费雷罗，费德勒仅让对手拿到4局。在半决赛中，费德勒和罗迪克再次相遇，刚刚拿下美网冠军并且成为世界第一的罗迪克踌躇满志，面对这个风格有些克制自己的对手，他相信自己绝对能够取得一次胜利。可是面对费德勒，罗迪克苦练出来的新技术都像是小儿科一般，罗迪克无奈地说："为什么你每次都把我打败，看到你我总是心烦意乱。罗杰，请你把你2005年的参赛计划送给我当作圣诞礼物吧，我会尽可能错开。"罗迪克心直口快，费德勒则是温文尔雅，面对经常输给自己的小兄弟，他倒是不吝啬赞美和安慰。不过场下闹腾，并不妨碍费德勒场上对后者的碾压之路，罗迪克也确实因为费德勒的崛起而没落成悲情球员，除美网这个冠军之外，罗迪克职业生涯五次闯入大满贯决赛，其中四次都是输给费德勒。

大师杯决赛，费德勒再次向阿加西发起挑战，后者在年初赢得了澳大利亚公开赛桂冠。在第一盘的抢七局中，费德勒很快就丢掉了前六分，最终以3∶7输了比赛。但他并没有在困难的情况下退缩，费德勒发起反击并赢得了第二盘，这也是他在和这位美国传奇球星的所有交手中拿下的第二盘。

费德勒在决胜盘一度取得了5∶3的领先，但胜利越近，他却愈发紧张，一次双发失误让阿加西起死回生，比赛被拖入令人窒息的抢七大战。阿加西曾两次手握赛点却没有把握住，眼睁睁让机会从指缝间溜走，而费德勒出色的正手不仅把自己从悬崖边上拉了回来，也再没有给阿加西生机，最终费德勒以一记华丽的正手斜线穿越球制胜，6（3）∶7、6∶3、7∶6（7），费德勒获得了对这位美国传奇巨星有史以来的首场胜利，也拿到职业生涯第一个大师杯冠军，升至世界第二位的成绩收官。

截止到2003赛季，22岁的费德勒的ATP巡回赛冠军数积累到了11座，不过这样的成绩在网坛着实不算优秀，后来者纳达尔在19岁就拿到了12座冠军奖杯，但是在费德勒漫长的职业生涯里，这仅仅是他在一统网坛王国的征程中的餐前甜点。

22岁的费德勒依旧在克服暴躁情绪，会闹、会哭还爱摔拍，但是这个少年在这个年纪除了让职业生涯走向一个新高度的同时，关于人生与爱的思考也在变化着。

2003年12月23日，费德勒注册成立以自己名字命名的"罗杰·费德勒基金会"，你我皆少年，他已胸怀九州天下。

以下为费德勒应比尔·盖茨之邀写的一篇文章：

我22岁就成为一名资深的网球运动员，顶着第一个大满贯冠军头衔，即将排名世界第一。但仅仅拥有事业上的成功远远不够，就在那一刻我问自己：我应该如何在个人层面上获得发展？

我知道我想要通过成立自己的基金会来帮助贫困的孩子。从很小的时候开始，我就深深地希望能回馈那些没有我这么幸

运的人。我的母亲来自南非，我从小到大都在目睹极端贫困的生活。我童年的假期旅行，就是在那些贫困地区走亲访友，虽然还是个小孩子，但我已经能意识到：并不是所有的小孩都能享受到我所享受到的那些特权，而这仅仅是因为我在瑞士这样一个富裕的国家长大。因此，我在2003年成立罗杰·费德勒基金会，展开一段令人兴奋又富有教育意义的旅程。

在2003年年底，他在瑞士首都伯尔尼被授予国家的"年度体育人物"荣誉，他在第二天又飞往伦敦，以温布尔登冠军的身份作为荣誉会员，为BBC组织的一次电视节目而重返英国。

06 王朝开启

2003年，人们知道男子网坛又闯入一个大满贯冠军，但他们没有想到，2004年的费德勒能恐怖如斯。

费德勒首次以2号种子的身份踏上墨尔本，仅次于美国选手罗迪克，费德勒在第四轮比赛小遇险境，他在第一盘失利后重整旗鼓，击败前世界排名第一的澳大利亚本土选手休伊特。打入八强之后，费德勒又遇上苦主纳尔班迪安，在大师杯上突破心魔的一胜击之后，他趁热打铁，四盘大战收获对纳尔班迪安的两连胜。接下来的半决赛变得更加容易，费德勒击败费雷罗首次进入澳网决赛，他在决赛中的对手是前世界第一、2000年美国公开赛冠军马拉特·萨芬，在攻克第一盘之后，费德勒以7∶6、6∶4、6∶2的比分赢得冠军，费德勒如愿捧起象征着硬地场的最高水平见证的"诺曼布鲁克斯杯"，个人的职业生涯大满贯数变为第二座，正式将罗迪克斩下马加冕新王，费德勒无可撼动的统治王朝正式开启，这一开始就是连续的302周。

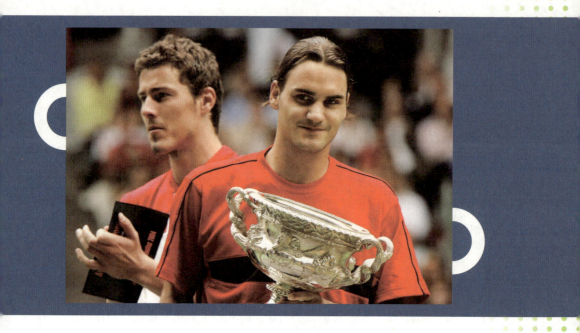

　　从1998年初入职业网坛，到登顶世界第一，费德勒从挑战者蜕变成金字塔顶端的防守者，以球拍为权杖，所向披靡。"成为世界第一一直是我的目标，但赢得冠军更加重要。"他说道。

　　此后的费德勒如同网坛苏醒的魔王，所经之处寸草不生，温网费德勒以4：6、7：5、7：6（3）、6：4的比分继续打压罗迪克，赢得自己的第二个温网冠军。多伦多站决赛中，可怜的罗迪克再次遭遇费德勒，两盘较量后拱手把冠军奖杯献给苦主，这已经是费德勒本赛季的第八冠了，而且是只献给"他一个人"。费德勒的胜利在网坛创造了一个新的顶峰——他成为1979年的比约恩·博格之后第一位在三种不同的场地上赢得三连冠的球员——草地（温布尔登）、泥地（加斯塔德）和硬地（多伦多）。

　　本以为辛辛那提赛的首轮出局会给费德勒更多的时间备战奥运

会，可惜结果却不尽如人意。瑞士代表团对这位两届温网冠军给予厚望，他们相信费德勒肯定会为瑞士带来一枚奖牌。

费德勒说："这项赛事我已经盼了四年。"他说他做梦都想赢得金牌。"四年前的悉尼，我在半决赛输给了哈斯，失去了争夺金牌的机会，不过我在那里却找到了一生挚爱，今夏我要用雅典奥运会的金牌来纪念我和米尔卡相识四周年。"在悉尼经历了那场令人失望的铜牌战后，费德勒也特别渴望能够站上领奖台。

理想很丰满，现实很骨感。费德勒首轮三盘不敌19岁的捷克小将伯蒂奇，爆出了雅典奥运会最大冷门之一，更糟糕的是，他搭档同胞伊夫·阿莱格罗在双打比赛中也早早出局，不敌印度的里安达·佩斯和马赫什·布帕蒂。期待四年，颗粒无收，费德勒在发布会上自嘲道："在雅典，起码我旗帜举得还不赖。"

征服

费德勒没有时间顾及失利的伤心，因为奥运会网球赛事结束后仅仅一周，年度最后一个大满贯——美国公开赛就开始了。费德勒也很快将目光投向了未来："如果我能够选择的话，我宁愿自己赢得奥运会金牌；但如今这个梦想已经破碎，我要赢得美国公开赛。"然后他便启程飞往纽约。

一路过关斩将来到决赛，等待他的是又一位他曾经的"天敌"、2001年美国公开赛冠军莱顿·休伊特。这位澳大利亚球员对奥运会高挂了免战牌，但在奥运会期间赢得了在华盛顿特区和长岛举行的两项ATP巡回赛桂冠。在进入和费德勒的这场比赛之前，他已经连胜了16场比赛，而且在本届赛事打入决赛的前六场比赛中未失一盘。

但费德勒一上来就给了休伊特一个下马威，仅用17分钟就让"澳洲野兔"在本次赛事中吞下了第一盘失利。当休伊特在费德勒6∶0、2∶0领先的情况下终于拿下他本场比赛的第一局时，阿瑟·阿什球场中的观众为他起立鼓掌。

费德勒在对手连下四局、5∶6的情况下，艰难保住了发球局，迫使比赛进入抢七，他以小分7∶3拿下。两盘落后终于摧毁了休伊特的顽抗，费德勒乘胜追击以6∶0横扫第三盘，赢得他的第一个美国公开赛冠军。

【那一刻，他躺倒在地，仰望上空的灯光，泪水再一次抑制不住地流下。】

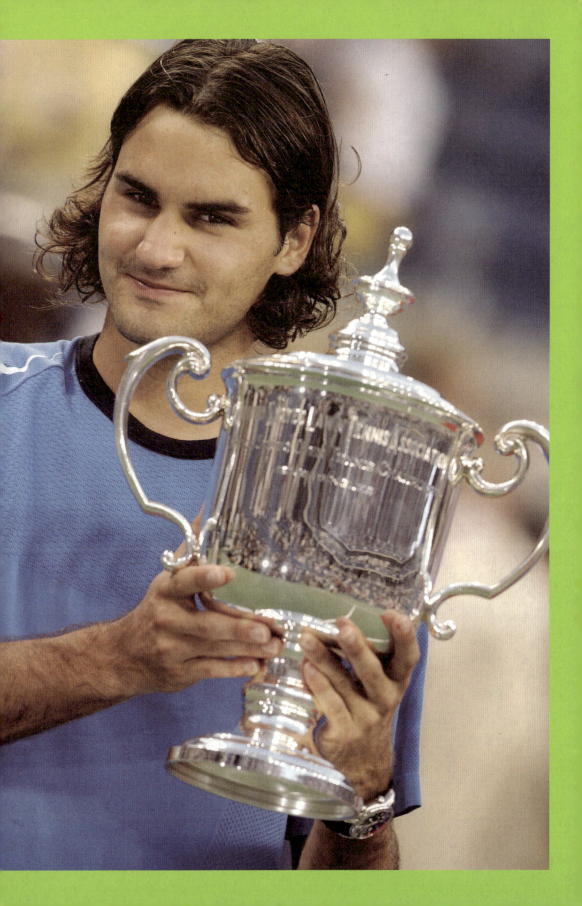

07　缔造传奇

　　到10月初时，费德勒已在2004赛季赢得了10个冠军并取得69胜6负的总战绩，他的赛程表上仍然还有四项赛事。他渴望在家乡再次捧杯，但伤病又阴魂不散地找上了门。在瑞士赛开赛前的一次训练，他突然感到左大腿异常疼痛，核磁共振检查确诊为一条肌肉纤维撕裂，这是一种网球运动员的常见伤病。

　　为保险起见，他无奈选择了退赛，好在经过六周的休息调整，他及时恢复了健康，赶上前往休斯敦去争取他的网球大师杯赛冠军。

　　费德勒顺利地从小组赛挺进半

征　服

决赛，隔网相对的是老熟人萨芬。一场持续半个多小时的抢七大战将比赛推向高潮，最终费德勒以6∶3和7∶6（18）赢得了胜利。

这场38分的抢七大战也追平了网球历史上最长的抢七局纪录。"真糟糕，我们没能打破纪录，"费德勒开玩笑说，"我们原本可以商量好把纪录破了的。"

有趣的是，费德勒实际上在10∶9领先时在第三个赛点上就已赢得了这场比赛，电视慢镜头重放显示，费德勒遭到了线审的误判。费德勒同样声称："我甚至看到了萨芬回球在场地上留下的痕迹，那确实出界了。"但如此关键的时刻，费德勒没有过多抗议，而是继续投入比赛。他努力说服自己，萨芬的那一次回球也许真的落在了界内。"否则我一定会疯掉的！"他事后说道。

在另一场半决赛中，罗迪克输给了休伊特，罗迪克可能避免遭受在一年中四次在决赛中输给费德勒的命运。但休伊特却没有那么走运，或许是美网惨败的场景仍然让他心有余悸，在与费德勒的6次交手中，始终难尝一胜，这场6∶3和6∶2的胜利给予费德勒连续第13场决赛胜利，打破了他之前与麦肯罗、博格共享的决赛最长连胜的历史纪录。费德勒如愿以偿地卫冕了网球大师杯赛冠军。

这一天，梦幻般的一年终于宣告落幕。费德勒赢得了包括三个大满贯赛事以及网球大师杯赛在内的11个单打冠军，他的赛季总战绩为74胜6负，胜率高达92.11%。费德勒成为继1988年的马茨·维兰德之后，第一位在一个赛季中获得三个大满贯的选手，也成为网球公开赛时代首位至少赢得三个大满贯和年终总冠军的选手，亦是首位赢得职业生涯全部前四个大满贯决赛的职业球员。

出色的表现让他成为享誉全球、炙手可热的体坛明星，无数的采访和曝光随之而来，媒体为他奉上了热烈的称赞，一些记者甚

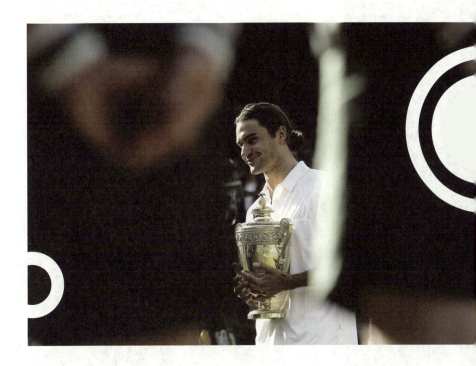

至在费德勒仅手握四个大满贯的时候，就提出了他是否终将打破皮特·桑普拉斯14项大满贯桂冠纪录的提问。谦逊的费德勒听后莞尔一笑，但并没有否认，而是道出了身为网球运动员的艰辛。

【值得一提的是，在费德勒飞升的这一年，西班牙天才少年纳达尔悄然迈入了职业赛场，迈阿密大师赛上双方首次交锋，费德勒就尝到些苦头，也记住了这卷发小子。】

征服

统治

PART 3

01 型男养成

　　自从卡特在2002年那场车祸意外离世后，费德勒长期处于教练空缺状态，2004年赛季的一整年里他都没有聘请过一位教练，但他却完成了这项运动历史上最伟大的单赛季之一。但费德勒并没有沾沾自喜，而是觉得自己仍然有进步的空间，于是在2005年初，他正式聘请了澳大利亚教头托尼·罗切，结束了自己指导的历史。

　　双方的合作随着赛季的开始初见成效。费德勒在年初多哈的五场比赛中，仅仅丢掉了23局而夺冠。这还是他职业生涯中首次在发球局没有一次被破的情况下赢得一项冠军。费德勒是毫无疑问的澳网夺冠大热门，他也没有辜负大家的期待，在打入半决赛的途中，费德勒未失一盘，包括在1/4决赛中，对阵四届澳网冠军得主阿加西，费德勒没有手软，以6∶3、6∶4和6∶4奉献了一场统治性胜利。

　　半决赛静候费德勒的是萨芬，他当时的教练正是费德勒的前任教练皮特·朗德格伦。在惊人的4.5个小时五盘拉锯战中，萨芬终于在第7个赛点兑现了胜利。午夜已过，现场球迷们为刚刚进入25岁生日的萨芬高唱生日快乐歌，费德勒则黯然离场，他个人职业生涯最长的26场比赛连胜、面对世界前十球员的24场连胜都结束了。

不过费德勒之后很快走出困境，连续夺得了三座大师赛冠军。迈阿密大师赛上，费德勒再度遇到年轻的西班牙新星纳达尔，当时不满19岁的纳达尔的排名已经闯入TOP30，双方第二次交锋打了将近4个小时，虽然给费德勒造成不小的挑战，但是"瑞士天王"还是笑到了最后，这是他第一次战胜纳达尔，后者去年正是在这项赛事中

统　治

以决定性的方式将费德勒击败。

费德勒在随后的汉堡赛一盘不失地赢下了冠军，第二轮比赛中，面对2004年雅典奥运会战胜自己的捷克小将伯蒂奇，费德勒以一场酣畅淋漓的胜利报了一箭之仇。汉堡站冠军还让费德勒得到了在过去十项大师系列赛事中赢得其中六个的殊荣，而之前还从未有人做到过这一伟绩。

费德勒从汉堡直接飞往埃斯托里尔，这个葡萄牙著名的度假胜地即将举行劳伦斯体育奖盛典。这个有着体育界"奥斯卡"称号的颁奖典礼创立于2000年，其"年度世界体育人物"的奖杯，被看作一位运动员可以达到的最高成就。2005年的劳伦斯之前，世界上只有三位运动员获此殊荣：F1赛车手迈克尔·舒马赫（2次）、高尔夫球星泰格·伍兹（2次），以及环法自行车赛冠军兰斯·阿姆斯特朗（2012年8月23日因兴奋剂丑闻被剥夺冠军头衔）。

费德勒凭借2004赛季赢得的三座大满贯奖杯，在6位杰出的候选人（其他5位是舒马赫、阿姆斯特朗、摩托车世界冠军瓦伦蒂诺·罗西、雅典奥运会六枚金牌得主迈克尔·菲尔普斯、获得过两届奥运会冠军的中长跑选手希沙姆·奎罗伊）中脱颖而出，美国影星小古巴·戈丁和玛蒂娜·纳夫拉蒂诺娃一起向费德勒颁发了他的卡地亚奖杯。"我感到非常荣幸，"费德勒在流光溢彩的大厅当着全世界大约5亿电视观众说道，"我已经获得过很多的奖项，但是这一个才是我最想要的那个。"

费德勒在劳伦斯颁奖典礼的造型让人眼前一亮，他剪短了头发，年初澳网桀骜不驯的小辫子不见了，取而代之的是利落沉稳的短发，形象气质也有了很大的提升。虽然这位瑞士新王一直很爱美，纵然已贵为世界第一，他的青春年少也难逃出非主流时期的陷

　阱。如果你在2005年之前看到费德勒，你很难将这位选手的形象与翩翩公子这个词联想到一起，他的头发被染成金色，长出混杂的黑色，到后来留长却还是缺乏潇洒。费德勒的首个大满贯夺冠时，他以马尾辫的造型出镜遭后人诟病，称之为费德勒迄今为止最为失败的一个造型，甚至被嘲"土包子"。

　　若说球打好了，人自然就变帅了，话不假，但不够真。费德勒的形象提升离不开她的贤内助米尔卡。与米尔卡最初相恋的时候，费德勒实属糙汉一个，全身行头只有几条牛仔裤、几件短袖、几件练球服，或许还有件连帽衫，外加一条皮带，后来米尔卡开始建议男友充实衣柜，到后来全方位地打理男友的形象，再到费德勒邀请米尔卡帮忙打理比赛行程、训练和媒体新闻发布会等工作。

　　在米尔卡的陪伴下，费德勒从粗枝大叶变成有匪君子，打理着

一头精致的棕色卷发，赛场之外倒成了行走的男模，让费德勒的商业价值达到最大，从原本不受广告商青睐的普通运动员，走向代表时尚的儒雅天王，内外兼修让费德勒成为世界网坛最有影响力的运动员之一。

收起获得荣誉的锋芒，费德勒转身投入赛场。带着41胜2负的赛季总战绩，他第7次踏上了巴黎征程，前面比赛的顺利程度超乎他的想象，他职业生涯首次闯入法网半决赛，而且不失一盘，但半决赛隔网相对的是纳达尔，这是他们首次红土交锋。

在法网前的红土赛季，纳达尔在巴塞罗那和罗马拿下冠军，带着傲人的22连胜战绩出现在费德勒面前，并最终以6∶3、4∶6、6∶4和6∶4获胜。这个年轻且自信的西班牙小伙，随后又击败了皮奥塔，顺利地拿到了自己的首座大满贯奖杯。决赛当天是6月3日，恰好是纳达尔的19岁生日，还有比火枪手杯更好的生日礼物吗？一时间，所有的舆论和焦点都集中在纳达尔身上，从此，"红土之王"与"草地之王"正式展开较量。

到了温网，虽然抽签形势险恶，但是费德勒还是找回王者风范，从第三轮开始连胜基弗、费雷罗、冈萨雷斯、休伊特等4位高手，决赛面对"手下败将"罗迪克时费德勒没有心慈手软，在经过101分钟的争夺后，以一记ACE球锁定了这场6∶2、7∶6（2）和6∶4的胜局，毫无争议地赢得了温网三连冠，他躺倒在地，并像过去两次一样，泪洒现场。

费德勒成为历史上第八位、连续赢得三届温布尔登单打冠军的男子球员，而在温网百年历史里，过去50年中，上演帽子戏法的另外两人是比约恩·博格和皮特·桑普拉斯。

年度最后一项大满贯美网，费德勒与老前辈阿加西上演终极对决，最终费德勒以6：3、2：6、7：6（1）和6：1成功卫冕美网，取得了梦幻般的34场巡回赛单打连胜。赛后，阿加西给予了费德勒高度评价，称对方是他交过手的最好的球员。"和皮特（桑普拉斯）交手你还能有计可施，运气好的话还可以获胜；但罗杰会把你打得根本无处可藏，我认为他是我交过手的最好的对手。"

费德勒确保了他在这一年中的全部四项大满贯赛事中都至少打入半决赛。如今已拥有了六个大满贯赛事桂冠的费德勒，也追平了他童年时代的偶像鲍里斯·贝克尔和斯蒂芬·埃德博格的大满贯冠军总数量。回看这个被称为开放时代最具统治力的赛季之一，费德勒赢得11座单打冠军，其中包括2座大满贯和4座大师赛奖杯，他81胜4负、95.2%的记录仍然是公开赛时代仅次于1984年约翰·麦肯罗的第二好胜率。

　　　　　　　　励志名人传之网球天王

02 成功赛季

　　在萨芬、纳达尔和阿加西相继缺阵的澳大利亚网球公开赛，费德勒毫无疑问又是夺冠第一热门，他确实也不负众望，轻松跨越了前三轮角逐，场场直落三盘。第四轮的对手托米·哈斯给了他不小的挑战，这个曾经在悉尼奥运会击败过他的德国球员，在大比分0：2落后的情况下上演绝地反击，五盘鏖战，费德勒最终顶住压力，以6：4、6：0、3：6、4：6和6：2获取胜利，这也是他在澳大利亚公开赛上的第一场五盘胜利。

　　随后在面对达维登科和尼古拉斯·基弗，他都遭到不小的麻烦，一路磕磕绊绊挺进决赛，六场比赛丢掉了四盘，比他之前打入大满贯决赛中的任何一次都多。然而，决赛对手是非种子黑马球员巴格达蒂斯，在球迷眼

中，费德勒对于澳网奖杯可谓唾手可得，犹如探囊取物。

巴格达蒂斯来自小岛国塞浦路斯，是世界排名仅仅第54位的非种子球员，在比赛开始之前，没有人能预料这个留着大胡子的20岁新人，能在这项赛事中连续战胜安迪·罗迪克、伊万·卢比切奇和大卫·纳尔班迪安，奇迹般地挺进大满贯决赛。但实力的差距还是悬殊的，巴格达蒂斯的职业生涯中还从未赢得过一项ATP巡回赛，与费德勒的三次交手未尝一胜，而且费德勒至此大满贯决赛胜率还是100%，更别提是对一位非种子球员。

也许正是面对如此强大的对手，巴格达蒂斯早已将输赢抛之脑后，他打得杀伐果决、极具攻击性，费德勒的反击难受且挣扎，巴格达蒂斯让费德勒以5：7输掉了第一盘，但费德勒的经验老到，连幸运都站在他这一边，第二盘盘点的一次关键改判，让费德勒7：5

励志名人传之网球天王

拿下第二盘，至此，他再没有将胜利旁落，最终以5：7、7：5、6：0和6：2取得的胜利令他赢得了他的第七个大满贯冠军。

在迪拜赛输给纳达尔后，费德勒一鼓作气，带着在印第安维尔斯和迈阿密两项大师赛背靠背夺冠的傲人战绩，昂首挺进红土赛季，但随即迎来的又是纳达尔的当头一棒。费德勒职业生涯中首次在蒙特卡洛公开赛打入决赛，但四盘抢七不敌纳达尔；一周之后，两人在罗马站决赛再次相遇，世界第一和世界第二球员打出了一场2006赛季最伟大的比赛。虽然费德勒以7：6（0）、6（5）：7、4：6、6：2和6（5）：7输掉了这场5小时6分钟的苦战，这场比赛证明纳达尔对红土赛场的统治并非坚不可摧。

费德勒坚信自己能够战胜纳达尔。在罗兰·加洛斯，费德勒毫不费力地打入了决赛，四大满贯只有法网他从未染指，而距离"全满贯"仅仅只有一场胜利，但纳达尔再一次地在决赛静候着他。西班牙人带着红土赛事的59场连胜战绩进入到这场决赛之中，过去十年来从未有人如此统治过红土赛季。

费德勒在取得首盘6：1领先的梦幻开局后，就像突然失去了法力被打回凡人的神仙，最终纳达尔以1：6、6：1、6：4和7：6（4）赢得了胜利，并让费德勒在大满贯决赛中吞下了首场失利的苦果。赛后纳达尔非常谦逊地表示对世界第一暂无奢望，"我还不能说我打得比罗杰更好，因为那并不是事实"。

值得一提的是，在同年的劳伦斯奖颁奖典礼上，费德勒再次当选"年度体育人物"，而纳达尔则被授予"年度新人"的荣誉。2006赛季至此，费德勒参加的所有赛事都闯入了决赛，唯一的四场失利全部是对阵纳达尔，而且全部都是在决赛。他的首场失利是在迪拜的硬地球场，接下来则是在蒙特卡洛、罗马和巴黎的决赛。与

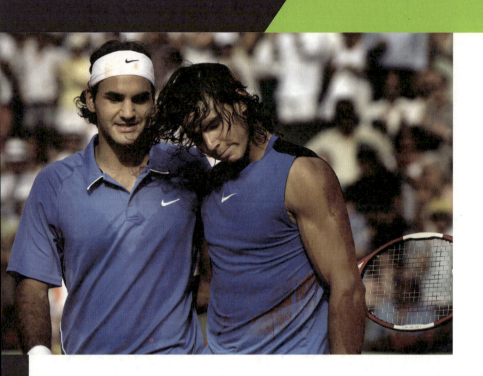

此同时，他对纳达尔的交手战绩仅为1胜6负，他那唯一的胜利来自2005年迈阿密决赛的大逆转，网坛最"门当户对"的两位巨头正在崛起。

很快，在温网的终极对决中，费德勒迎来了复仇的机会。他以6：0、7：6（5）、6（2）：7、6：3战胜纳达尔夺冠，不仅夺得个人第8个大满贯冠军，也将自己的草地球场连胜纪录增加到48场。这是自从1952年以来，第一次在法网和温网赛场出现背靠背决赛。费德勒成为第三位温网四连冠选手，此前两位分别是比约博格（1976–1980）和桑普拉斯（1997–2000）。

如果费德勒的胜绩就此止住，那2006赛季就不配称为最成功的赛季。时间来到9月的美网，费德勒以6：2、4：6、7：5和6：1打败了状态复苏的罗迪克，取得了美国公开赛三连冠。这已经是费德勒连续第三年拿下了温布尔登和美国公开赛双冠，这项壮举前无古人，也可能后无来者。

这一年，费德勒时隔两年后再度回到家乡参加巴塞尔室内赛。这仅仅是一站只有250积分的小巡回赛，但荣誉无数的费德勒却从未问鼎，2000年和2001年虽然两次打进决赛，但是恩奎斯特和"英国绅士"亨曼粉碎了天王的家乡夺冠梦。2002年天王拼尽全力打进半决赛，2003年被柳比西奇阻挡在八强之外，随后两年，"费天王"没有参赛。今年重回巴塞尔，费德勒终于圆家乡冠军梦，在巴塞尔举起奖杯的时刻，他回忆起曾经在这因为失利而哭鼻子的自己。如今，巴塞尔球童不复存在，站在家乡人面前的已是"瑞士球王"。

这一年，费德勒第三次获得年终大师杯冠军，92胜5负的成绩为赛季画上了完美句号。2011年12月，网球著名记者斯蒂芬·蒂克诺尔将费德勒2006年的赛季列为公开赛时代第二伟大的赛季，仅次于罗德·拉沃尔1969–1970年的大满贯赛季。

03 年轻势力

2007年就大满贯战绩来看，仿佛就是上一年的复制粘贴，费德勒又是四次打入大满贯决赛，其中三次夺冠。年初的澳网，他在决赛以7：6（2）、6：4、6：4轻松战胜冈萨雷斯捧杯，且夺冠之路不失一盘，成为继1980年比约·博格之后，在21世纪首次完成该壮举的球员。

进入红土赛季，费德勒在汉堡大师赛的夺冠令人印象深刻，那是他生涯首次在红土赛场击败纳达尔，况且还是在决赛且以决胜盘送蛋的方式，同时他也终结了纳达尔恐怖的红土81连胜纪录，这为他在接下来的巴黎拿下法网，实现"全满贯"伟业的雄心壮志，无疑注入了一针强心剂。

不出意料，费德勒毫无意外地闯进法网决赛，隔网相对的正是纳达尔。仅时隔两周，纳达尔丝毫没有受到汉堡失利的影响，大比分3：1获得法网三连冠。费德勒1/17的可怜破发率，让他在纳达尔面前毫无机会。他可能纳闷：为什么在红土战胜这个来自马洛卡的小

伙子会这么难？但他肯定没料到自己怀疑的时间远不止这些年。

不是冤家不聚头，我在你的地盘未尝胜果，在我的后花园你也休想侵占分毫。在温网决赛，费德勒连续两年击败纳达尔，这是一场激动人心的五盘大战，首盘比赛就是一场近1小时的抢七大战，费德勒成功把握住了第五个盘点率先拔得头筹；第二盘纳达尔凭借其底线优势6：4扳回一盘；比赛异常激烈，双方你来我往，第三盘费德勒用自己强悍的发球以小分7：3拿下此盘的抢七局；第四盘纳达尔虽然右膝略感不适，但发挥依旧稳定，比赛被拖入令人紧张的决胜盘，3小时45分钟后，费德勒以一记高压球成功拿下第二个赛点，赢得了本场比赛的胜利。许多评论家称赞这是自1980年以来最伟大的温布尔登决赛，"瑞士天王"在自己的后花园从2003年到2007年实现"五连冠"的壮举与比约·博格共享温网历史最长连冠纪录，"草地之王"当之无愧！

瑞士人如外号"奶牛"吃草一般自然，在草地赛季如鱼得水，胜率一度达到恐怖的87.3%。在青草地上，费德勒的成就前无古人，后无来者，再后来费德勒成为唯一在草地赢盘率达到80%以上的球员。费德勒曾说："我在21岁时，有很多的期望，并在2003年温布尔登夺得生涯第一座大满贯冠军，每当我完成一个里程碑，就会激励我继续奋战！"而草地正是滋养他成长的最肥沃的土壤。

作为上一届罗杰斯杯的冠军，费德勒再次站到了蒙特利尔球场的决赛赛场，他的对手是当时年仅20岁的德约科维奇。这个名不见经传的塞尔维亚小将以7：6（2）、2：6、7：6（2）击败当时排名世界第一的费德勒，捧得个人的第二座大师赛冠军头衔。

这是俩人交手5次中，德约科维奇取得对费德勒的首次胜利，当时费德勒早已经是如日中天的球王，而德约科维奇在13个月之前才刚刚赢下自己的首座巡回赛冠军。

在蒙特利尔，当时身为世界第四的德约科维奇接连不失一盘地在四分之一决赛和半决赛击败世界第三罗迪克与世界第二纳达尔。在决赛中击败当时的世界第一费德勒之后，德约科维奇就此成为继1994年的贝克尔之后，首位能够在一项赛事中击败世界前三的球员。这场比赛足以向世人证明他的无限潜力。

费德勒可能没料到，仅时隔一个月，他又跟德约科维奇在决赛碰面了，但这次是美网的拉法盛公园，贵为赛事三连冠得主的费德勒，岂会甘心将宝座拱手相让。美国媒体把费德勒称为"达斯费德勒"，他全黑色的夜间战袍就像《星际大战》里的黑武士，而且赛会别有用心地在他每一场比赛出场时播放的都是《帝国进行曲》。

　　一场酣畅淋漓的三盘胜利，费德勒宣示着自己的"领土主权"，在第四次获得美国网球公开赛冠军的同时，捧得个人第12座大满贯的冠军奖杯。年轻的德约科维奇职业生涯首次闯入大满贯决赛就铩羽而归，但他已经成为网球世界不可忽视的明日之星。

　　在家乡站巴塞尔赛成功卫冕，在上海大师杯实现5年里4夺冠的霸业，费德勒又为他一个辉煌的赛季画上了圆满句号。2007年赛季结束后，费德勒在大满贯冠军数量上超越了罗德·拉沃尔和比约恩·博格，追平了澳大利亚传奇球星罗伊·埃默森而并列历史第二位。

　　费德勒也是历史上唯一曾三次获得单赛季四大满贯中三个冠军的球员。到目前为止，费德勒已经赢得了12次大满贯冠军，连续10次打进大满贯决赛，4年豪取10个大满贯，费德勒近年来的统治，在网球历史上堪称绝无仅有。

04 福祸相依

"真是场灾难。"——费德勒

迈入职业生涯的第十个年头，费德勒已经拥有53座巡回赛单打奖杯，在瑞士人崛起后，同时期的萨芬、罗迪克、休伊特的职业生涯逐步走向没落，但是在地中海的乐园升起了一轮新日。身穿无袖短衫的纳达尔已经在世界第二的位置蛰伏近三年，这位18岁就拿到个人首座巡回赛奖杯的西班牙人如今星光熠熠；如同费德勒在草地上神一般的存在，纳达尔在红土上拥有着绝对的统治权；此外，年轻的塞尔维亚新星德约科维奇、英国的安迪·穆雷也在迅速扩大阵营，想要在费德勒的肥沃的疆土分一杯羹。

伤病成为费德勒2008赛季挥之不去的阴霾，他在与疾病的搏斗中开启新年。令人意外的是在澳网开赛前，费德勒突然因食物中毒引起胃部不适，这可不是个好兆头。在腿部伤病和胃病的双重夹击下，费德勒在半决赛5：7、3：6、6（5）：7直落三盘负于德约科维奇，卫冕之路戛然而止，费德勒连续10次进入大满贯决赛的纪录也

宣告终结。而后者顺利登顶当年的澳网，挑落世界第一拿到职业生涯第一座大满贯，这股来自塞尔维亚的年轻力量正在以让人无法忽视的光芒渐渐觉醒。

　　3月，费德勒又遇上一个大麻烦，他被诊断出患有罕见的单核细胞增多症，典型症状包括发烧、喉咙痛、食欲丧失等，费德勒透露可能早在2007年12月就患上了这种病。由于与单核细胞增多症的斗争，他的身体状况出现明显的下降，这对他的成绩产生负面影响，从迪拜赛以4届冠军的身份遭到穆雷的一轮游打击，到迈阿密大师赛上输给老对手罗迪克，费德勒在澳网失陷后甚至一度变得"人见人欺"，努力在红土赛季找回状态，却因为法网决赛战术失误而前功尽弃。

　　他在2008的红土赛季打了三场大师赛，其中两场失败都是拜纳达尔所赐。在蒙特卡洛大师赛上，费德勒在决赛中冲击连续三届冠军纳达尔失败，这场比赛，费德勒又惊人地出现44个非受迫性失误，这简直让当时还是世界第一的他怀疑人生。法网的最后一站热身赛，身为上一届冠军的费德勒在汉堡大师赛再度输给对手，紧接着的法网，被纳达尔以送蛋的形式"羞辱"，纳达尔在红土的统治力成为贯穿费德勒整个赛季的噩梦，且余震不断。

　　费德勒决定回到草地重整旗鼓，在温网哨前站德国哈雷公开赛上，他终于赢得比赛，拿到赛季第二个冠军。小有成就的是，费德勒以10座冠军奖杯追平桑普拉斯在公开赛年代以后获得最多草地冠军的纪录。

　　本以为赛季将多云转晴的时候，"奶牛"的青草地却遭到入侵，来自西班牙的蛮牛横冲直撞，轰塌"瑞士天王"的网球王朝的一角。

　　温布尔登小镇的7月，世界第二纳达尔第三年在决赛单挑费德勒，如果费德勒获胜，将意味着他将连续第六年获得温网单打冠军，打破温网公开赛年代以来的最高纪录。这是一场史诗级大战，直到如今仍被很多人看作是网坛历史上最伟大的一场比赛，

纳达尔职业生涯也因这五盘大战而封神。

比赛从下午2点开打，中间三度因雨中断，一直打到晚上9点，比赛时间历时4小时48分钟，成为温网131年来耗时最长的决赛。

前两盘纳达尔打得非常积极主动，以两个6：4先声夺人，而且在第三盘继续强势进攻，如红土地般入无人之境，而"瑞士天王"费德勒借着球迷的助威声，奋起反击，以两个7：6艰难扳平比分，前四盘双方各胜两盘，进入决胜盘的冠军争夺，决胜盘难解难分，每一次击球都主宰着观众的呼吸，天色逐渐暗下来，鹰眼失效，比赛一直打到7：7，裁判打算在8：8时喊停择日再战，纳达尔发球，费德勒正手挡回，纳达尔反手回击，费德勒正手进攻，回球下网。时间定格在第4小时48分钟，尘埃落定，无可挽回。6：4、6：4、6（5）：7、6（8）：7、9：7，纳达尔史诗般的复仇，完成迈向世界第一王座最为坚实的一步。

伴随着人群的沸腾，伦敦的夜幕也悄然降临。费德勒接过亚军奖盘，观众席山呼海啸，向他们心中的草地之王致意。没有人会质

疑这是一场足以载入温网乃至整个网球史册的巅峰对决，遗憾的是费德勒的名字写在失败者的一方。对费德勒来说，这无疑给这个艰难的赛季添上最痛苦的一笔，硬地、红土，现在来到了属于他的草地。曾经，属于他的草地，在全世界的注视下，纳达尔正在一步一步瓦解着费德勒的王朝。

此次失利让费德勒失去温网六年霸的良机。"这场球几乎是我输得最难过的一场。"望着纳达尔捧着温网男单冠军的奖杯，费德勒显得有些无奈。"真是场灾难，这种灾难是法网输球根本不能比的。"费德勒在新闻发布会上说，"很显然，这对我来说相当地艰难。"上半年他只收获可怜的两个单打冠军。

由于这场重大失利，费德勒草地66连胜、温网41连胜被终结，世界排名积分榜仅领先纳达尔545分，费德勒世界第一的位置已经岌岌可危。"这是我职业生涯中最痛苦的一场失利。也许你们认为我进行了一场出色的决赛，但是我感觉不到一丝满意。温布尔登结束了，就这样。我现在只想努力在奥运会上夺冠。"

【失意伦敦，带着对奥运会的渴望，费德勒来到北京。】

"参加奥运会是每个运动员一生中最重要的时刻之一。"瑞士体育代表团的旗手是大家非常熟悉的费德勒，2008年8月8日正好是他的27岁生日。北京奥运会开幕式上，费德勒列在瑞士代表团队伍的最前排，他是瑞士代表团中的绝对巨星。"我知道8在中国是象征吉祥的数字，所以我更愿意相信，奥运会在我生日当天开幕不是偶然的巧合，我会把这当作是一个幸运的开端。"

开幕式上，转播镜头饶有趣味地先后给到了纳达尔与费德勒。

此前辛辛那提一役之后，纳达尔已成功预订世界第一宝座，北京或许有这个荣幸，见证新老球王的交替。镜头里，感受到奥运初体验的西班牙少年笑容肆意明亮，而优雅的"瑞士天王"则稍显严肃稳重，双方眼底暗含着对这里的期许。

这已经是费德勒的第三次奥运之旅，此前两次征战奥林匹克赛场均以失败告终：2000年悉尼奥运会，虽然收获了和米尔卡的爱情，但在战绩方面费德勒只取得第四名；2004年雅典奥运会，"大热必死"的魔咒早早地在费德勒身上应验，他在单打第二轮就爆冷遭淘汰。

除了难啃的法网冠军外，费德勒耀眼的简历中确实只差一块奥运金牌。作为这一次北京奥运会男单的头号种子，费德勒唯一的目标就是补上这个遗憾。

费德勒的北京之旅刚要开打就遭遇小插曲，由于雨水，他的首

轮比赛被推迟到第二天才得以进行。2008年8月11日，万众期待下"瑞士天王"终于亮相奥林匹克公园网球中心，他的首轮对手是来自俄罗斯的图萨诺夫，两人此前有过两次交锋，费德勒全胜。

比赛在第七局迎来场面上的转折，费德勒完成破发并在接下来顺利保发以5∶3领先，最终费德勒以6∶4拿下这届奥运的首盘。次盘比赛在第三局就几乎丧失悬念，费德勒再次率先破发并在之后完全掌握主动，6∶4、6∶2，这是费德勒在北京奥运会上交出的首份答卷。

第二轮，面对此前从未交过手的阿雷瓦罗的挑战，费德勒再次两盘轻松过关，强势挺进单打十六强。而在另一片场地上，赛会的17号种子托马斯·伯蒂奇战胜意大利的塞皮，这位捷克新星正是费德勒下一轮的对手。

四年前的仇该报了。"这当然是我期待的比赛。"伯蒂奇在赛后采访中表示。四年前雅典奥运会伯蒂奇一战成名，名不见经传的

少年淘汰当时的世界第一、如日中天的费德勒。四年后两人在北京相遇，一个势要复仇，一个期待双杀，还未开打火药味已足够浓厚。

　　然而这一次，"瑞士天王"没有给雄心勃勃的捷克人机会，6：3和7：6（4），费德勒复仇成功。费德勒在冲击男单金牌的路上高歌猛进，来到1/4决赛的门前，对手是此前八连胜并且从未输过的美国选手布雷克。

　　可奋进的高歌却总是在最令人意外的时间点戛然而止。1/4决赛一上来场面就颇为激烈，双方互保，先发球的布雷克一方5：4领先来到关键的第10局。布雷克拿到费德勒的破发点，布雷克的顽强逼出费德勒的狼狈，一记反手下网，"瑞士天王"交出第一盘。首盘最后时刻的风云突变或许影响到费德勒，他丢掉第二盘自己的第一个发球局，0：3落后于对手，但在第5局却反破追至3：3，双方鏖战至6：6，前12局费德勒始终无法在局面上压制住对手。来到抢七也意味着费德勒将晋级的希望部分交到命运手中，而运气却没有交还以他期待中的结果，这个抢七费德勒只拿到两分。

　　布雷克的一声怒吼，27岁的费德勒再次饮恨奥运会的男单赛场。如果放在失意的2008赛季，这个结果或许显得不再令人意外，而放眼他的奥运生涯，又该如何总结，连续三次折戟，到底透着些许宿命论的意味。

有一句话叫作：失之东隅，收之桑榆。因为说起费德勒与北京奥运会的缘分，你脑海中很大程度上浮现的应该并不是费德勒最后一场男单四分之一决赛。

是的，费德勒并不会就这样离开北京，他也没有多少时间去平复单打失利之殇，因为身披瑞士国家队战袍的征程还远没有结束。此次奥运会，除单打外，费德勒再次双线作战，搭档同胞瓦林卡出战男双的比赛。

作为男双4号种子，费德勒和瓦林卡在不被看好的情况下，连续挑落意大利组合波莱里和塞皮、俄罗斯组合尤兹尼和图萨诺夫、印度组合佩斯和布帕蒂，在半决赛更是两盘战胜了世界排名第一的布莱恩兄弟，就这样一路闯进北京奥运会网球男双决赛。

或许是上天给了费德勒一个弥补遗憾的机会，不管是不是符合曾经的预期，费德勒都站在了北京奥运会男子网球决赛的赛场上，这一次他不需要独自作战。面对瑞典组合约翰森和阿斯博林，费德勒和瓦林卡配合默契、发挥神勇，"瑞士天王"展示着自己犀利的发球，一板板制胜分肆意挥洒，这里面也许多少有着自己在单打赛场上的不甘。

【6∶3、6∶4、6（4）∶7、6∶3，瑞士组合费德勒和瓦林卡以总比分3∶1登顶2008年北京奥运会网球男双最高领奖台。这个金牌也帮助瑞士自从1992年巴塞罗那奥运会之后再次获得网球奖牌。】

这对骄傲的搭档在完成与对手、主裁握手示意的流程后返回

到场地中央，瓦林卡倒地，而费德勒开始对着队友做出好像"施魔法"的动作，随后两人则忘情相拥在场地上。这略带俏皮的一幕永远留在所有观众心里，成为球迷们对于北京奥运会最经典的记忆之一。

"我以前从来没有夺得过奥运奖牌，这次感觉真的很奇妙。这是一个神奇的时刻，在我的职业生涯中也是很不可思议的，尤其是在输掉单打之后。"

瑞士国歌奏响，看着国旗缓缓升起，费德勒显得有些格外激动，我们不知道那一刻费德勒的脑海中是怎样的思绪翻涌，希望泛红的眼眶中能有着对过往遗憾的稍稍宽解。

纳达尔也在外界的预期中顺利拿走奥运男单金牌，第二天他正式登顶世界第一。不过此刻也无须再过纠结，费德勒和北京奥运以一个甜蜜结尾完成"和解"，丢掉王座的他起码在这里收获了一剂"强心针"，赛季还未结束呢。

这年上帝终究是不忍让瑞士人再一次空手而归。如他承诺过的，费德勒把闪着金光的冠军奖牌带回了瑞士。

同样带着奥运金牌光环的费德勒和纳达尔，携手在美国网球公开赛挺进半决赛，只不过结局不尽相同。费德勒大战德约科维奇，这是两人连续第二年在美网相遇，去年的决赛，费德勒让首次进入大满贯决赛的德约科维奇交了学费，而今年的澳网半决赛，德约科维奇则完成了复仇，一场旗鼓相当的较量，最终费德勒以6：3、5：7、7：5、6：2取胜，连续第五年闯进美网决赛。

另外一场半决赛，英国球员穆雷迎战纳达尔，两人曾交手5次，"西班牙天王"保持全胜。不过这次穆雷凭借更加积极主动的进攻，一上来就掌握主动，最终四盘力克世界第一，首次闯进大满贯决赛。

费德勒就像去年美网战胜德约科维奇一样，再次给刚刚崭露头角的年轻球员上了生动的一课，6：2、7：5、6：2，穆雷基本没有给"瑞士天王"制造什么麻烦，费德勒轻松横扫，如愿实现了美网五连冠，他也成为近84年来第一个在两项大满贯比赛中双双完成五连冠的网球选手。

值得一提的是，年轻的穆雷虽然失利，但美网之后，他的排名还是成功上升到了第四位，标志着四巨头时代正式拉开序幕。在随后两年多的时间里，费、纳、德、穆四人一直牢牢占据世界前四，此后的多年里，四巨头也包揽了绝大多数大满贯和大师赛的决赛席位。

原以为美网的五连冠是"费天王"重回巅峰的开端，但随后费德勒就在马德里站和上海大师杯赛中连续输给穆雷和西蒙，仅在家乡巴塞尔收获一座奖杯，再往后费德勒收到第一次年龄警告，他在巴黎大师赛的四分之一决赛时，因为背部疼痛退出比赛，这是费德勒职业生涯第一次退赛。

同时，这也意味着2008年是"瑞士天王"自2003年以来首次没有赢得大师赛冠军，年终大师杯他再度伤病复发无缘冠军，以世界排名第二结束赛季。不过聊以安慰的是，费德勒在这一年成为男子网球职业生涯中奖金最高的人，在赛季结束时，他获得了超过4330万美元的奖金，已经超过14次大满贯单打冠军桑普拉斯。

【2008赛季成为费德勒职业生涯登顶后首个状态下滑期，就像费德勒的经纪人高德西克所说，他已经步入不能再面面俱到、与年轻选手硬拼体力，而需要尽可能保护好身体状态、重点保证大赛发挥的职业生涯第三阶段。】

05 人生赢家

2009年的夏天，费德勒的两个双胞胎女儿米拉·露丝和夏琳·里瓦出生了，就在一个多月前，费德勒刚刚拿下了个人首座法国网球公开赛冠军，终于成就了这个已经追逐了太久太久的职业生涯全满贯。

2009年对于费德勒不只是网球职业生涯，而是对整个人生来说都非常重要的一年。

2009年的澳网相信费德勒的球迷们都不会忘记，男单决赛后的颁奖典礼上，手捧诺曼·布鲁克斯挑战杯的纳达尔另一只手亲密地揽过痛哭的费德勒，这一幕成为澳网历史上最为经典的时刻之一。

但这次失利对于费德勒的打击的确是巨大的，他又输给了纳达尔，这是两人第一次在硬地大满贯决赛相遇，而此前费德勒八次硬地大满贯决赛从未败绩，更重要的是，这次失利让他直接错失追平桑普拉斯14个大满贯冠军历史纪录的机会，桑普拉斯对于费德勒来说不仅是一位名宿和前辈，他更是费德勒的儿时偶像。在赛后的颁奖典礼上，一向以冷静优雅形象示人的"瑞士天王"一度哽咽到无法完成赛后感言，一开口便留下一句让无数球迷心碎的："天啊，这太痛苦了！"

　　或许上帝也不忍见天王的泪水，悄悄地送出另一个惊喜。费德

勒自己也不会想到他的机会将在澳网之后很快到来，在他被人们认为自己最不擅长的红土上，在罗兰·加洛斯。

泪洒墨尔本后，费德勒并没有很快在赛场上迎来春天。但在另一边，费德勒的爱情故事终于开花结果。2009年4月11日，他与相恋近9年的女友米尔卡结束爱情长跑正式结婚。费德勒在其个人网站上简短地宣布了他们的婚讯：

【"今天早些时候在我的家乡巴塞尔，我和米尔卡在亲朋好友的见证下结婚了。这是春天里一个美好的日子，同时也是一个完美的契机。费德勒夫妇在这里祝你们周末愉快！爱你们的罗杰。"】

正如这则短讯一样，费德勒的婚礼也举行得十分低调，但同时又充满着温馨。据悉，婚宴的菜谱全部由费德勒本人安排，甚至食材都是他亲自采购。据《瑞士画报》披露，婚礼的前一夜，米尔卡是在苏黎世著名的五星级酒店Dolder Grand度过的，费德勒为米尔卡和她的朋友租下著名的Carezza Suite，这间套房有230平方米大。当新娘和她的朋在苏黎世狂欢的时候，费德勒和父亲以及另一位好友度过婚前的最后一天，他们则选择在卡丁车场飞驰。

到了第二天下午，费德勒和米尔卡以及他们的亲朋好友都来到巴塞尔，见证这个美妙时刻的到来。在飘洒的鲜花，还有众人的掌声和泪水中，米尔卡穿着白色的婚纱与一身黑色西装温文尔雅的费德勒一起出现。

在众人的注视下费德勒开口说道："我想由于我们在一起生活了这么长的时间，大家可能会觉得结婚是理所应当的。是的，虽然我们细节上不会改变什么，但是在思想上，在生命中，这却是一个重

要的变化。我觉得这婚礼很伟大。"

　　而米尔卡也在婚礼上谈到两人初次相遇时的情景："那是我在贝尔训练的时候，我一个人静静地全身心投入到训练中，但是罗杰却在那边扯着嗓子唱'后街男孩'的歌曲。我当时就有些喜欢他，但教练生气了，还把他赶出训练场。"这个被他唱着"后街男孩"的歌曲追到手的女孩在这天之后不再是他的女朋友，而成为他的妻子。

　　费德勒与米尔卡的神仙爱情常被外界称道。两人在一起后，"费天王"征战网球赛场十几年来，米尔卡始终陪伴左右，随费德勒全世界各地飞行，为他打理一切，球迷们也亲切地称呼她为"天王嫂"。在双胞胎女儿和双胞胎儿子出生后，米尔卡更是接过了大部分照料孩子和家庭的工作，安排好赛场下的大小事情，让费德勒能够在有家人的陪伴下安心地到全世界各地征战。

　　米尔卡作为费德勒的贤内助是非常著名的，达文波特在谈起费德勒和米尔卡时说："在我印象中，费德勒对妻子的依赖超过了网球

界任何男单选手。"每到费德勒取胜或夺冠的重要时刻，你一定会看到球员包厢里的米尔卡永远手举相机，时不时从屏幕一边稍稍歪头看着被掌声和欢呼包围着的丈夫，眼里和镜头里满满都是爱意和骄傲。

而费德勒也尽力回馈着米尔卡的付出，2003年费德勒在温网捧得个人第一座大满贯奖杯后接受采访时说道："米尔卡是我生命中除了父母以外最重要的一个人。我很开心她为我所做的一切，我试着给予最多的回报，只要是我们一起出去旅行，我就会全身心地陪伴着她。如果她想逛10个小时的街，那我就会陪她10个小时。因为每次巡回赛时，她都会在场边为我默默地助威。这又何止是一个10小时呢！"

就在他们婚礼前一个月，费德勒就宣布米尔卡怀孕的消息，他们即将在夏天迎来自己的第一个孩子。为人父为人夫，费德勒有了更多的角色。

不知道是不是结婚的"加成"，在婚后一个月的马德里大师赛上，费德勒找回个人最佳状态，在连胜索德林、布雷克、罗迪克、波特罗和纳达尔五大名将之后，费德勒夺取了赛季首冠，这也让他终结了长达21个月的大师系列赛冠军荒。更具意义的是，他在红土上，第二次击败了世界第一、"红土之王"纳达尔，这为他之后的法网之旅增强了信心。

6月的罗兰·加洛斯，这几乎成了费德勒的心魔，此前连续三年闯进决赛却连续三年倒在同一个人的拍下。今年还没到决赛，费德勒已经感受到来自法网的考验，他的晋级之路并不顺利，他在第三轮、第四轮以及四强战均是在落后的情况下逆转对手艰难过关。

半决赛鏖战五盘险胜波特罗之后，费德勒连续第四年闯进法网男单决赛，可这一次对面站着的不再是他的苦主纳达尔，而是一

匹来自瑞典的黑马索德林，对于后者，费德勒已经完成傲人的九连胜。索德林作为本届法网的最大冷门，让法网四连冠得主、"红土之王"纳达尔止步第四轮，无疑最大的获益人就是费德勒。而费德勒没有浪费天赐的良机，在决赛中以6：1、7：6（1）、6：4三盘横扫索德林，终于捧起梦寐以求的"火枪手杯"，这个冠军的分量太重——追平桑普拉斯14个大满贯冠军纪录、达成追逐已久的全满贯伟业。他职业生涯最大的遗憾在这一年的罗兰·加洛斯终于弥补上。剩下的职业生涯，他再也不用带着压力打球了。

【"想必每一个人都清楚，我赢下法网冠军经历了多少波折。幸运的是，我最终在巴黎得以圆梦。之前我甚至有夺法网后就此退役的想法。法网冠军，从某种意义上来说，让我从枷锁中得到解脱。"】

在颁奖典礼上，费德勒接过由阿加西颁发的冠军奖杯，再次眼含热泪，不过这一次我们知道，和墨尔本的眼泪不同，费德勒留在巴黎的泪水是喜悦和骄傲，是成功和圆满。

一个多月后，费德勒又哭了。别担心，这次是更加喜悦的泪

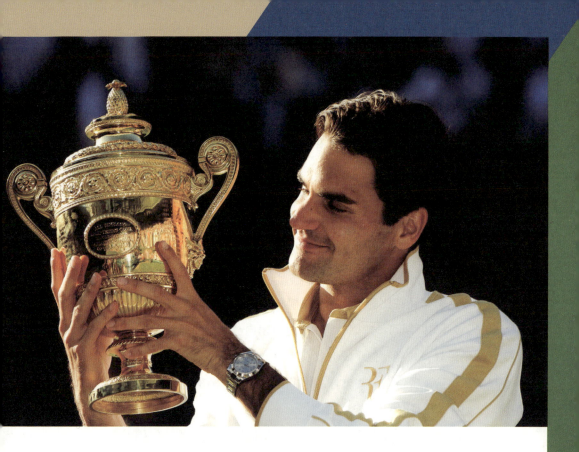

水——他的第一对双胞胎女儿米拉和夏琳出生了。费德勒在后来的
一次采访中回忆说:"那是欢乐的泪水,我在米尔卡去医院之前、生
产期间和女儿出生后都哭了。"

就在女儿出生当月月初,费德勒完成背靠背连拿法网和温网
冠军的壮举,在温布尔登的决赛上他以5:7、7:6(6)、7:6
(5)、3:6、16:14击败好友罗迪克,又一次为观众送上一场史
诗大战,同时更是在观众席上的桑普拉斯的见证下打破偶像的纪
录,历史第一人、15个大满贯冠军得主诞生,从追平到打破,费德
勒只用了一个月。费德勒也从纳达尔手中夺回失去一年的世界第一
王座。

不过,费德勒这一次备战温网的过程比往常都更紧张,这种

紧张并不是来源于比赛本身，他在训练中都会在袜子里塞上一只手机，以免错过妻子米尔卡分娩的消息。费德勒也在温网冠军晚宴接受采访时坦言，他打男单决赛比赛时很紧张，担心米尔卡恰好在这时候分娩。

有了孩子并不意味着费德勒将淡出网坛，相反他仍渴望自己能重夺世界第一。"如果要问孩子的出生对我意味着什么，我想这将激励我再打很长时间。有了孩子不会影响我比赛，我们会安排好计划，尽可能不受场外因素干扰。"

如今，费德勒在比赛间隙和球员聊天有了新的话题，三句离不开孩子。9月美网期间，费德勒就曾在过道里向"复出的妈妈"克里斯特尔斯讨教育儿经，似乎颇有收获。另一位身为母亲的奥地利选手巴莫尔则给了费德勒一些忠告："你得做好准备，所有的事情都要翻倍，而你的休息时间则要减半。"

费德勒把双胞胎女儿带去了美网，他希望将美网六连冠作为送给女儿们的第一份重量级礼物。辛辛那提的夺冠为费德勒的美网之旅注入信心，他在1/4决赛再次击败把"火枪手杯"拱手相让的索德林，半决赛连续第三年击败德约科维奇，作为那场比赛的赛点，费德勒在这种关键分上，却处理得十分写意潇洒，奉献了一个史诗般的胯下击球，至今被奉为经典。

就这样，费德勒职业生涯第21次晋级大满贯单打决赛，不过在决赛中他遭到了阿根廷选手德尔·波特罗的强力阻击，双方战满五盘，虽然费德勒曾经领先两盘，但最终以大比分2∶3告负，遗憾错失六连冠。尽管如此，费德勒依然在2009年四大满贯比赛中收获了2个冠军和2个亚军，笑傲群雄。

不可否认，今年连续得到丈夫和父亲的身份，对费德勒的比赛

产生了一些影响，不过费德勒觉得家庭对他来说，有时比比赛更重要，他很向往普通人的生活，享受天伦之乐。当然费德勒也认为，女儿的出生同样会给自己的网球事业带来好的影响，"往后我打网球又有了一个新的乐趣，让我的孩子们看看爸爸的比赛"。

在第五次以年终第一的身份结束赛季后，费德勒将功劳同样归于家庭。"我无法奢求更幸福的生活，我的妻子和女儿让我感觉生活非常美妙，"费德勒说，"我已经是一个成功的网球运动员，而现在我渐渐成为一个称职的爸爸，告诉你们，我已经能很娴熟地换尿布了。"

著名网球解说员胡力涛老师曾这么评价费德勒的2009年：他好像没费多大力气，就又回到神坛上了，安然接受人们的顶礼膜拜。从4月到7月这短短三个月时间内，费德勒就经历了人生四大喜：洞房花烛夜、久旱逢甘霖、他乡遇故知、金榜题名时（按前后次序排列）。到底是几世修来的福气，让造物主如此偏爱这个瑞士人？

逐鹿

PART

4

01 纳德崛起

不得不说，从进入新世纪的第10年开始，费德勒赢取大满贯的速度开始放缓，对比2003年–2009年7年豪取15个大满贯的壮举，他在2010年至今的11年里，只拿了5个大满贯，而放眼整个巡回赛的战绩，费德勒在网坛的统治力也在随着对手的崛起而逐步土崩瓦解。

和往年一样，费德勒选择在多哈开启自己2010年的征程，但在半决赛他输给了俄罗斯"劳模"达维登科。不过在随后的澳网中，他一路击败休伊特、达维登科、特松加等名将晋级，在决赛中横扫穆雷夺冠，豪取澳网第四冠、职业生涯第十六个大满贯冠军，进一步捍卫了自己历史最佳的宝座，也使穆雷获得大满贯首冠的时间再次推迟。

在澳网之后，费德勒的状态出现了明显起伏，印第安纳维尔斯和迈阿密两站大师赛他的总成绩只为可怜的3胜2负。进入自己不擅长的红土赛季，费德勒先是在罗马大师赛首轮出局；来到几乎没有其他任何大牌参赛的埃斯托里尔赛，也没能挺进决赛；马德里大师

赛，好不容易杀进了决赛，但遗憾输给了自己的老对手纳达尔；红土赛季的最高殿堂罗兰加洛斯，费德勒在八强战中不敌索德林，使得自己连续23次杀进大满贯四强的纪录戛然而止。

来到温布尔顿，费德勒的颓势没有终止，他在八强战中爆冷输给了伯蒂奇，6年零8个月以来世界排名首次跌至第三，距离桑普拉斯286周世界第一的纪录仅差1周，打破历史，从唾手可得变得遥不可及。

桑普拉斯的老教练保罗·安纳科内在7月中旬开始和费德勒合作，这才使费德勒的网球事业重回正轨。进入北美硬地赛季，费德勒在罗杰斯杯一举杀进决赛，尽管不敌穆雷无缘冠军，但是随后的辛辛那提他终于再次问鼎桂冠。接下来的美网大赛，费德勒顺风顺水地杀进了四强，但是在与德约科维奇的半决赛中他却在浪费赛点之后输给了对手。费德勒随后也承认这是他本赛季最遗憾的一场比赛。

励志名人传之网球天王

美网之后费德勒上海大师赛复仇德约科维奇杀进决赛，但是决赛中他被穆雷直落两盘横扫。接下来费德勒在瑞典赛以及瑞士巴塞尔公开赛中获得"背靠背"的冠军，随后的巴黎大师赛他晋级四强，刷新了自己在本项赛事中的最佳成绩纪录。

　　到了本次伦敦年终总决赛中，费德勒小组赛横扫本土作战的穆雷，半决赛中轻松击败德约科维奇，决赛和纳达尔的终极较量中在决胜盘击溃对手捧杯，这是费德勒职业生涯首次也是迄今仅有的一次在同一场比赛内击败三巨头。费德勒将全年最精彩的发挥留在了赛季的首尾，为自己的2010赛季画上了一个圆满的句号。

　　这一年费德勒只拿到了澳网1个大满贯，或许你会好奇剩下三个都被谁瓜分了呢，然而结果只有一个名字，那就是：纳达尔。

　　年初澳网，纳达尔在1/4决赛对阵穆雷时因伤不得不退赛，就在人们担心纳达尔的身体让他再也达不到2008年的辉煌成就时，他用实际行动证明所有人都错了。

励志名人传之网球天王

红土赛季，西班牙人满血复活，在蒙特卡洛、罗马和马德里大师赛中，他不可思议地全部夺冠，成为公开赛时代以来第一位在一个赛季中能够包揽三项红土大师赛的选手。

之后，纳达尔又复制了比约博格和费德勒等人连摘法网和温网冠军的壮举。在美网以一盘不失的成绩杀进决赛之后，他在决赛中3：1痛击德约科维奇，成为历史上最年轻的全满贯网球运动员，加上2008年北京奥运会单打金牌，他继阿加西、格拉芙之后，成为第三位达成"金满贯"的网球运动员。

网球历史上最伟大的对手这一话题永不过时，从比约博格和约翰·麦肯罗，到20世纪八九十年代的桑普拉斯和阿加西。随着纳达尔的出现，很多人倾向于认为费德勒和纳达尔才是网球历史上，甚至整个体坛历史上最伟大的一对对手。

在过去的30个大满贯比赛中，费德勒和纳达尔一起分享了25个冠军，不过伦敦年终总决赛之前，"费天王"对纳达尔的战绩是尴尬的7胜14负。于是很多人质疑：这样一边倒的对阵战绩，真的配得上"体坛历史上最伟大的一对对手"这个盛誉吗？而在伦敦决赛，面对已经连续拿了三个大满贯、荣誉墙就差一个年终奖杯的纳达尔，费德勒没有手软，用一场干脆的胜利对质疑进行了强有力的回击。

纳达尔以世界第一的身份结束赛季，但年终奖杯仍属于费德勒。"世界第一意味着你在很长一段时间内都打得很好，而他（纳达尔）现在值得配上世界最好的球员的称号。他赢得了连续三个大满贯冠军，所以他完全值得排在世界第一的宝座。"对于世界第一的排名，费德勒似乎并非耿耿于怀。事实证明，伟大的对手不一定要绝对均衡，但至少双方都能找到击败对手的方法和策略。

　　三个大满贯，三个红土大师赛冠军，年终第一的宝座——毫无疑问，纳达尔度过了职业生涯迄今最为成功的一年。如果2010年纳达尔的高光表现让费德勒黯然失色，那2011年德约科维奇的全面崛起，更是让进入而立之年的费德勒无所适从。

　　2011赛季是名副其实的"诺瓦克·德约科维奇年"，他席卷了3个大满贯（澳网、温网、美网）、5个大师赛在内的10个冠军。在大满贯和大师赛上分别只输了一场球，决赛的战绩是10胜1负，全年战绩70胜6负，胜率达到93.33%，并且创造了41场连胜的纪录，以年终排名第一结束赛季。

　　对比之下，费德勒的2011赛季只能用"四大皆空"来形容。澳网半决赛，他被德约科维奇直落三盘击败，这是自2003年7月以来，他第一次没有获得四大满贯中的任何一项；法网好不容易挺进了决赛，结果又给纳达尔当了背景板；温网八强赛，费德勒在领先两盘的大好形势下惨遭法国选手特松加逆转，这也是费德勒第一次在五盘三胜制的大满贯比赛中先赢两盘的情况下最终输掉比赛；美网半决赛更是复制粘贴般地上演去年的"惨案"，五盘大战浪费两个赛点惜败德约科维奇，这是自费德勒在2003年温布尔登赢下人生首个大满贯桂冠以来首次单赛季在大满贯赛事中颗粒无收。

连续两项大满贯赛事，他都以先胜两盘后被扳回的惨痛方式输球。年龄渐长、体能下降、移动趋缓、掌控力不足等各方面因素像凶猛的野兽，蚕食着费德勒多年打下的"江山"，它们无不佐证着他统治力的下降。费德勒真的到了"廉颇老矣，尚能饭否"的时候了吗？

GRAND
SLAM

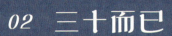

02 三十而已

　　30岁对于运动员来说的确是一个重要时间节点，过了30岁通常就被外界认为他已经来到了职业生涯的中后期。在费德勒之前，男子网坛在公开赛年代以来能够在30岁后拿到两个以上大满贯的球员屈指可数，除罗德·拉沃尔和肯·罗斯威尔外，就只有康纳斯和阿加西做到过。

　　在网球世界里，你不难看出：在费德勒、纳达尔、德约科维奇"三巨头"惊人的统治力之前，这是一项年轻人的运动。2003年，费德勒首获温布尔登冠军时仅21岁，而这个数字在男子网坛最年轻大满贯冠军排行榜中连前十都进不了，随后五年，费德勒接连拿下了12项大满贯冠军；桑普拉斯在1990年获得美网冠军时是19岁，在其14座大满贯冠军中仅有一座来自30岁后；张德培、贝克尔也都是在17岁的年纪就称霸大满贯赛场。女子网坛也是如此，莎拉波娃17岁已经拿到温网冠军；辛吉斯首夺大满贯冠军的年龄是16岁，并且"瑞士公主"生涯5座大满贯全部来自20岁前；天才少女塞莱斯更是

逐鹿

在16岁的年纪首获大满贯冠军，之后三年内狂揽9座大满贯奖杯；海宁2003年首夺大满贯冠军时21岁，随后的五年她共夺得7座大满贯冠军。

在费德勒30岁生日之前的几个月，经常会有记者追问他有关年龄的问题，类似如下的问题费德勒不知重复了多少次："在准备比赛的时候会不会有特别的变化？""会不会更注意自己的身体？""是不是变得更理智？""是不是更有经验了？""你的身体是不是经历过一千场比赛？"而费德勒每次只能无奈地回答："是的。"

不仅是记者，许多网球名宿也开始质疑费德勒球场上疲弱的表现来源于他已丢失获胜的动力。六届大满贯冠军得主、德国传奇球员贝克尔表示："虽然费德勒已29岁，他的身体状况仍很好，这不是最大问题；问题在于他的思想不似几年前了，要想赢得大满贯，费德勒必须有足够的动力。"约翰·麦肯罗认为："费德勒有时在场上显得低沉，没有斗志，没有寻找到不同的破敌方法，似乎压根没有去试图做出改变。"

对于外界的质疑，费德勒回应："年龄并没有造成任何影响。"更具体一点，2011年法网半决赛就是对费德勒这句话最好的注脚。

进入红土赛季后，费德勒的表现并非很亮眼，蒙特卡洛大师赛、马德里大师赛、罗马大师赛连续三站他分别在1/4决赛、半决赛及第三轮出局。

法网赛场上，费德勒奉献本赛季精彩的表演之一。前五轮他面对菲·洛佩兹、特谢拉、蒂普萨勒维奇、瓦林卡和孟菲尔斯表现强势，不失一盘闯进半决赛。这一届法网，费、纳、德、穆四巨头首次在罗兰·加洛斯会师，聚首四强。不过相比较上一届冠军纳达

　　　　　　　励志名人传之网球天王

尔对战穆雷，德约科维奇与费德勒的半决赛却更具悬念，连纳达尔也说："这是目前最优秀选手与历史上最伟大球员之间的对决。"自然，赛前"塞尔维亚天王"是更被看好的一方，同时只要德约科维奇在半决赛击败费德勒，他将确定在积分上超过纳达尔成为世界第一。

比赛一开始双方就互破发球局，德约科维奇率先来到4：2领先，不过费德勒在第七局反破并紧接着保发成功，将比分追平。两人在第一盘战至抢七，尽管德约科维奇展现出强大的防守能力，但费德勒抓住机会以抢七小分7：5拿下第一盘。

第二盘局分再一次出现4：2，不过这一次领先的是费德勒，而且他保持住领先的优势，以6：3拿下第二盘；第三盘一上来德约科维奇就展开反扑，取得3：0的领先，并在之后复制费德勒第二盘的进程，没有让领先旁落，最终以6：3扳回一城。

第四盘比赛更加焦灼，双方各保发球局来到4：4，费德勒则在第九局遭遇危机，虽然一拍打飞，德约科维奇破发成功拿下关键一局，但"瑞士天王"并未受到影响，强势破掉对手的发球胜盘局，第四盘最终再次战至抢七。

一记ACE球，一根手指，一声怒吼，费德勒以7：6（5）、6：3、3：6、7：6（5）赢得这场巅峰战役。这场比赛也被很多网球专家提前预定为赛季最佳比赛的有力候选。费德勒的这场胜利斩断了对手的41场连胜纪录，同时，这场比赛也是德约科维奇2011年面对费德勒、纳达尔10胜1负战绩中的唯一败绩。

决赛，费德勒虽然再一次输给老对手纳达尔，"红土之王"的地位丝毫没有被动摇，但是那个在半决赛食指指天、奋力一吼的费德勒已经足够击碎所有的质疑，他依然对胜利有着无比的渴望。

"我比任何人都要热爱这项运动，所以我不会在某天早晨醒来后突然说，我不再喜欢网球。作为网球选手，不断进步是非常有意思的。我为自己能够在网坛征战那么长时间感到惊讶，但我很高兴自己依然保持高水准，而且我的身体还能够承受激烈的比赛。"

虽然2011赛季费德勒在四大满贯赛场上颗粒无收，但在进入30岁后，他也在慢慢调试着自己的状态，终于在赛季尾声迎来状态的爆发。在因身体原因放弃整个亚洲赛季后，费德勒的世界排名也跌至第四名。经过一个多月的休息，费德勒选择在家乡巴塞尔复出，他的表现也没有让家乡球迷失望，在经历了十个月的冠军荒后，费德勒终于收获本赛季第二个单打冠军。紧接着来到巴黎，费德勒延续自己的最佳状态，先后击败加斯奎特、伯蒂奇等名将，来到决赛再次对阵特松加，"费天王"没有丝毫手软，收获赛季首座大师赛冠军。

而费德勒把这一年的最高光留在了赛季最后一项比赛，ATP年终总决赛。伦敦O2球场漫天的彩带中，费德勒又一次高举总决赛冠军奖杯，超越伦德尔和桑普拉斯创纪录地第六次登顶。瑞士室

内赛、巴黎大师赛和ATP年终总决赛，本年度的最后三场比赛的胜利、三连冠的绝佳表现，费德勒以年终排名第三的成绩结束了2011赛季，他直言从巴塞尔到伦敦的一波17连胜让自己克服了心魔，对于2012赛季也有了更多的期待。

"能够赢得大满贯当然很棒，今年我没能成功。我觉得明年可能成真，也可能不会，但是我觉得前景乐观。"

当然，如果你在2021年看到这里时，你已经知道费德勒、纳达尔、德约科维奇三人在30岁后加起来一共拿下15座大满贯冠军，相信在当时没有人敢预见十年后的男子网坛，三巨头依然是同样的三

　　　　　　　励志名人传之网球天王

个名字。这个数字实在过于惊人，让"网球是年轻人的运动"的论调突然就显得没有说服力，但要知道我们正在见证着新的历史，男子网坛至今最黄金的时代，在不同层面上的三位"GOAT"（历史最佳）同处一个时代，作为球迷何其有幸。

进入2012赛季，费德勒冲击大满贯冠军的愿望没能立刻实现，澳网和法网，他均倒在决赛门口，两个半决赛分别输给纳达尔和德约科维奇。

值得一提的是，2012年马德里大师赛历史性地将红土改为了蓝土，这一转变让大多数球员都表现出了不适，众多球员反应场地太滑，纳达尔和德约科维奇两位巨头球员双双提前爆冷出局。费德勒连续战胜拉奥尼奇、加斯奎特、费雷尔等名将，并在决赛中逆转伯蒂奇夺冠，第三次夺得马德里大师赛冠军。由于众多球员的负面意见太多，马德里大师赛在第二年改回了原来的红土场地，费德勒也成为唯一在蓝土夺冠的男子球员，被球迷调侃称为"蓝土之王"。

来到绿油油的草地，费德勒最钟爱的温布尔登没有辜负他。费德勒在前两轮连斩拉莫斯和弗格尼尼，在第三轮面对法国老将贝内特乌时却险些被淘汰出局，他在4：6、6（3）：7先输两盘的情况下以6：2、7：6（6）、6：1连追三盘上演惊天逆转。大难不死必有后福，之后的两轮费德勒有惊无险安全度过，在半决赛面对德约科维奇，"瑞士天王"力克上一届冠军、世界第一，取得了面对对手的赛季首胜。

终于来到决赛赛场，这一次费德勒的对手有些特殊——他就是英国本土选手穆雷。以往总是被当作费德勒主场的中央球场这一次迎来了他们真正的主场球员，观众都期待着见证在70多年后再次有英国本土球员捧起温网金杯。

可这片草地显然更加偏爱它真正的主人。比赛戏剧性地因雨暂停，在等待中央球场的顶棚关闭完成后，似乎局势在默默地发生变化，费德勒开始明显掌控着节奏，越打越顺利。

当穆雷的回球长出温布尔登草地的边线，网球世界的纪录再次被改写。在经历一个大满贯颗粒无收的低谷期后，费德勒终于再夺大满贯。这一冠的背后是许多闪耀的纪录——他追平桑普拉斯温网七冠的纪录，两人并列成为公开赛时代温网夺冠最多的选手；同时，费德勒将自己的大满贯冠军数提升至17个，巩固领先地位；费德勒凭借着这一个冠军在时隔两年后重返世界第一宝座，并超越桑普拉斯286周世界第一的纪录；此外，费德勒成为自2003年阿加西赢得澳网冠军之后，又一位30+的大满贯男单冠军。

躺在最爱的温布尔登草地上，感受如潮水般汹涌的欢呼和庆祝，仿佛世界上再没有比这一刻更美好的瞬间了。但对费德勒来说，有。

夺冠后的费德勒在场边的休息长

椅上，眼中饱含热泪，看向他的球员包厢，费德勒两个双胞胎女儿米拉和夏琳已经来到妈妈的怀里，骄傲的父亲向她们挥挥手，在家人的见证下改写历史，确实没有比这再幸福的事了。

"一直以来我都有这样一个梦想，那就是让我的孩子看着她们的父亲顶着世界第一的光环打球、夺冠，这将非常令人激动。"当被问到是什么让他能够在这个年龄还保持着高水平时，费德勒如是说。

"人们有时候会忘记我有一对双胞胎女儿，她们在我的生活中扮演着极为重要的角色。这对我的比赛也起着至关重要的作用，因为我觉得自己现在正在打出自己最为出色的网球。今天赢得了比赛，对我自己和我的家人而言都是一个永远难忘的时刻。"场边，他珍惜的家人正与他共同分享这一荣耀时刻。

2009年7月，费德勒的女儿米拉和夏琳出生；2012年7月，米拉

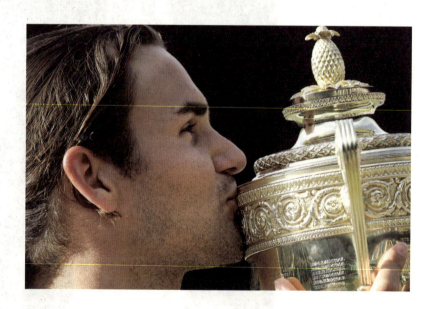

和夏琳三岁了。而他们的父亲已经成为17个大满贯冠军得主。

五年后，温布尔登中央球场边的计时器大屏幕的上方多了两双小脚丫，那是费德勒三岁的双胞胎儿子莱尼和莱奥，正和姐姐们一起看着场地中央被人群的欢呼和掌声包围的父亲——一位19届大满贯冠军。

请原谅再一次的"剧透"。

30岁的费德勒说，他很满意自己现在的状态："我非常高兴自己在这样的年龄还能有如此出色的跑动和击球，而且我知道自己还能做得更好。这种感觉跟我20岁或者25岁的时候完全不一样，我感觉现在自己更加稳定，我不想去改变什么，因为现在的感觉非常棒。"

30岁的这一年，费德勒收获了一个大满贯冠军、三个大师赛冠军、一个年终总冠军、一枚奥运会银牌，并且重登世界第一宝座，还将一系列历史纪录收入囊中。

【三十而立，而对费德勒来说，却是三十而已。】

03 重回巅峰

　　7月的伦敦骄阳似火，第30届夏季奥运会在英国首都缓缓拉开序幕。仅仅相隔20天，网坛高手就杀了个"回马枪"，再次集聚在温布尔登，这一次他们将为国家荣誉而战，网球男女单打排名世界前二十的球员中分别只缺席了一位，这将是自1988年网球回归奥运会以来阵容最豪华的一次。

　　拥有百年历史的温网草场不是第一次举办奥运会网球赛事了，但就像在一座"百年老店"里的聚会，许多传统的改变都成为比赛的看点。首先，百年温网只能穿白色战袍参赛的先例就此被打破，费德勒首轮穿了一件红色的T恤在1号球场出战时，连他自己都觉得奇怪；其次，球场内绿色的主色调全部换成了代表着伦敦奥运会的紫色，广告牌从有变无；比赛上，签表由大满贯的128签改为64签，赛程更密集，除了决赛，比赛也从五盘三胜制改为三盘两胜制。

　　温网和奥运会仅相距不到一个月，温网自然被当作"风向标"，费德勒自然是夺冠大热门。为了实现"金满贯"的目标，费德勒在比赛中拼尽全力。半决赛中，他遭遇代表阿根廷出战的德尔波特罗，两人鏖战266分钟，费德勒最终以3：6、7：6（7：5）和19：17获胜，这场比赛也创造了奥运会网球比赛最长用时和最长长盘的历史纪录。

　　同样的场地，同样的对手，也许是半决赛消耗了太多体力，再次面对英国本土选手穆雷时，费德勒三盘脆败，仅收获了一枚银牌，三次奥运冲金失利。从他为了进入决赛拼尽最后一丝余力能看

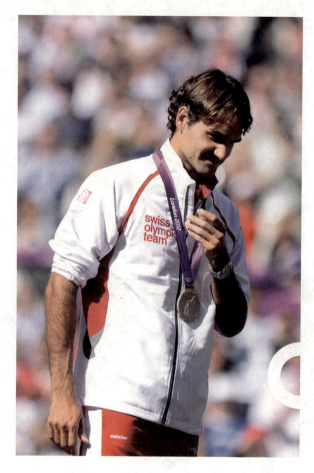

出，他是有多么渴望能够在奥运会折桂。

一个多月前，费德勒抢走了穆雷第一次在家门口赢得大满贯的机会，后者在颁奖典礼上失声痛哭，泣不成声，英国人等了74年才等到他再次闯进温网决赛，然而输掉如此重要的比赛让他懊悔不已。

再次相遇，英国本土宠儿这次终于在父老乡亲面前直起了腰杆，这枚金牌对穆雷来说则意义重大，信心大增的他趁热打铁，在一个月之后的美网夺得职业生涯首座大满贯冠军头衔，让自己"四巨头"地位名副其实的同时，也洗却了英国76年无大满贯冠军的尴尬历史。

大满贯一年四次，奥运会四年一次，孰轻孰重，不由分说。对年满31岁的费德勒来说，错过这次奥运会男单冠军，或许将是永远的错过。一枚银牌或许不会太差，然而对于迄今为止职业生涯赢得了所有荣誉堪称完美的费德勒来说，奥运会金牌或将成为永远的遗憾了。

"我并不觉得自己是个失败者。对于银牌，我同样感到骄傲，毕竟这也是我在奥运会所取得的最好成绩。"尽管如此，但望着对手胸前的金牌，"瑞士天王"还是一脸渴望。

进入北美硬地赛季，费德勒在辛辛那提大师赛决赛中送蛋击败德约科维奇，摘得又一个分量很重的冠军。但是在接下来的美网赛场上，他却在八强战中爆冷输给了"捷克天才"伯蒂奇，这也为他最终丢掉年终第一的宝座埋下了伏笔。

亚洲赛季，费德勒只参加了上海大师赛一站比赛，他在半决赛中连丢两盘，再次败在了穆雷的拍下。而在自己的主场巴塞尔，费德勒也没有能够笑到最后，在决赛中鏖战三盘不敌德尔波特罗，失去了在这项赛事中第六次夺冠的良机。

为了备战伦敦总决赛，费德勒战略性地退出了巴黎大师赛，

这也导致德约科维奇的积分超过了他，上升为第一，而他则成为第二。

费德勒从2002赛季开始参加年终总决赛的争夺，随后十年的时间没有一次缺席，迄今为止他已经六次获得这项赛事的冠军。2012年是他第8次进入这项赛事的决赛，与德国退役名将贝克尔持平。决赛中遭遇"小德"的强力追击，费德勒大比分0：2输掉了比赛，未能完成自己三连冠的梦想。

【71胜12负，2012赛季是费德勒继2006年以来取得最多胜利的一个赛季。6个冠军头衔，也是继2007年以来他获得最多的冠军数量。虽然2012年费德勒的表现不如他巅峰期那样抢眼，但一系列的成绩已经将人类能够在网坛取得的成就，提升到前所未有的高度。】

7次登顶温网、17次捧起大满贯、6次赢下年终总决赛、连续237周排名世界第一、保持302周排名世界第一、连续23次打入大满贯半决赛、总计24次并连续10次进入大满贯决赛……ATP的每一项纪录，费德勒都在独领风骚；伦德尔、阿加西、桑普拉斯……一个个曾经伟大的名字，全部成为证明费德勒伟大的注脚。他之后所迈出的每一步，都将是一个全新纪录的诞生。

04 伤病困扰

古人云：登高跌重。就在人们以为费德勒将进一步开疆扩土，打破纪录的时候，伤病再一次让他陷入泥潭。

很长一段时间里，外界许多人都认为费德勒是不会受伤的，因为费德勒在场上看起来打得是那么轻松，赢得是那么容易，大家都想知道他保持健康的秘诀。的确，相比于纳达尔、德约科维奇和穆雷等其他顶尖球员，费德勒此前受到伤病严重困扰的时间相对更少，他也极少因为病痛原因而长期高挂免战牌，这得益于自身打法

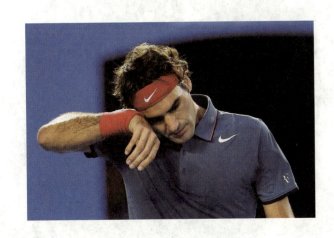

的高效以及对于职业生涯的长期合理规划。但就像他的体能教练帕格尼尼所说的："当你打了1000场比赛，是不可能不受伤的。"

其实从费德勒出道以来，背部的伤势就一直伴随着他，给他的比赛带来了或大或小的影响。早在2003年温网，费德勒就在第四轮对阵菲·洛佩兹时遇到背部不适，并且叫了医疗暂停，好在这次小插曲并未带来太大影响。一周后，瑞士小将成功捧起人生第一座大满贯冠军奖杯。

费德勒第一次真正感受到了伤病带来的困扰是在2008年：年初他也不幸感染了网球运动员中的"流行病"——单核细胞增多症，这导致他状态平平，丢掉了维持四年半的世界第一头衔；年底祸不单行，恼人的背伤在巴黎大师赛再次袭来，他打入八强但却由于伤势不得不在赛前退出与布雷克的四分之一决赛。费德勒在发布会上说："在过去的几天，我的背部一直很疼，今天早晨我起床后，昨晚进行的治疗并没有什么效果。很遗憾我不得不做出这样一个痛苦的

决定。"这是费德勒职业生涯第一次发生在赛前退赛的情况。

巴黎之后背伤依然没见好转，状态不佳的费德勒紧接着开始了年终大师杯的征战，从来到上海的那一刻起就不断有传言说费德勒会选择退赛，但他还是选择站上了小组赛的赛场，然而首轮遗憾不敌西蒙。面对对阵穆雷的生死大战，后背伤势给费德勒带来的身体和精神上的困扰肉眼可见，赛间背伤发作，他不得不申请了一个长达十分钟的医疗暂停。当费德勒再次回到场上，全场观众也为"费天王"的坚持送上了长时间的掌声。费德勒最终还是不敌穆雷，未能晋级半决赛，遗憾跟中国球迷告别。

在赛后接受采访时，有记者就费德勒的伤势问到了一个敏感但也合乎情理的问题："为什么没有在比赛中途选择退赛？"对此费德勒的回答简单而坚定："我一旦上场，就不会放弃。"在费德勒职业生涯至今参加过的1513场单打比赛中，他从未中途退赛。

2008年整体的低迷，让费德勒首次面对来自外界对其年龄增长、巅峰已过的质疑，断言他已走下神坛，甚至出现了有关退役的问题。但那时的费德勒才只有27岁，即便遭遇波动，即便王权旁落，大部分人依然相信"瑞士天王"将会坚持继续下去。退役疑问更为集中的爆发成为躲不过的话题出现在2013赛季。

蓦然回首2013赛季，费德勒在澳网成为首位获得250场大满贯胜利的选手，但最终止步半决赛，这也是费德勒本赛季在大满贯上的最佳战绩。三月的印第安维尔斯站对阵多迪格时不慎拉伤，并且在接下来与纳达尔的对抗中背伤加剧，也输掉了比赛。由于伤势的严重性，费德勒直接选择休息两个月，在马德里站复出，可惜第三轮遭日本选手锦织圭逆转，无缘晋级。

罗马大师赛的费德勒让人眼前一亮，倒不是他的伤势和状态

有了整体的改善，而是费德勒换了个新发型。他剪掉了标志性的卷发，留起了干净利落的短发。然而当几年之后费德勒的球迷们再回忆起他的短发造型时，最多的感想却是："想起这个发型，就想起十年最差战绩……"

焕然一新的造型却没能带来球场上的突破，费德勒在罗马大师赛上负于纳达尔获得亚军，这是他赛季大师赛的最佳战绩。法网止步八强，但连续36次进入大满贯八强也是里程碑的时刻，费德勒还在巴黎收获了个人职业生涯第900胜。

费德勒虽然捧起了哈雷公开赛的冠军奖杯，却在温布尔登爆出惊天冷门！斯塔霍夫斯基，一个费德勒球迷忘不掉的名字，如果你现在点开这位乌克兰球员的个人介绍页面，你会发现"2013年温网第二轮击败罗杰·费德勒"依然是他最亮眼的成就之一。

在早早丢掉了自己的"后花园"之后，对于费德勒职业生涯还能打多久的质疑更加甚嚣尘上。但外界的质疑并未影响费德勒的王者傲气，对于不间断的退役问题和质疑，费德勒在接受媒体专访时自信地回应："别唱衰我，我还没完蛋呢，别再费心了，我哪儿都不去。"这一番话有力地回击了媒体和专家们，更给费德勒的球迷吃了一颗定心丸。

温网惨遭爆冷后，费德勒痛定思痛，决心从球拍方面尝试新变化，他将拍面从90平方英寸加大到98平方英寸，并开始在汉堡赛试水，但仅仅维持了两站赛事，结果以失败告终，费德勒在赛季剩余时间内用回了90平方英寸的球拍。

额外多参加的两站红土赛事令费德勒背伤加剧，他在之后表示这个决定是错误的："当时我决定去打汉堡站和格斯塔德站，结果在汉堡再次受伤。我当初不应当打完汉堡站，也不应再前往格斯塔德。从那以后我明确告诉自己，身体状况不佳的时候就不会打比赛，这算是对自己的承诺吧。"

美网止步第四轮后，费德勒与合作了三年的教练保罗·安纳科内分道扬镳。上海大师赛止步第三轮使得费德勒的总决赛名额一度岌岌可危，还好在家乡举办的巴塞尔公开赛，他成功闯进决赛，又在巴黎大师赛杀进第三轮，总算拿到了通往总决赛的积分。这也许是费德勒这个风雨飘摇赛季最大的成就。

整个2013赛季费德勒40胜14负，只在哈雷草地赛上拿到一冠，费德勒上一次赛季没有取得50+胜还要追溯到2001赛季。费德勒世界排名跌出前四，仅排名第六，追平11年来新低。同时，费德勒在大满贯赛场上没有闯入过任何一场决赛，也创造了自2002年来的最差成绩。

【但费德勒最终入围了年终总决赛，意味着他依旧处在一流高手的行列，尽管因伤病导致成绩不尽如人意，但在众多球员眼中，他的成就依旧是自己努力多年仍然无法企及的高度。从某种角度看，费德勒的参与就是胜利。】

05 家的感觉

　　2013年底，前6届大满贯冠军、瑞典球员埃德伯格加盟费德勒的教练团队，和卢瑟一起协助"瑞士天王"找回状态。另外令费德勒纠结的换拍问题也尘埃落定，90平方英寸小拍面彻底作古，取而代之的大拍面最终定型为97平方英寸，更大的拍面带来更大的甜区，击球也更加稳定。

　　一系列的变化让费德勒在2014赛季迎来了全面复苏，年初就夺得了迪拜站冠军，并且在半决赛击败了德约科维奇。虽然这一年依然无缘大满贯冠军，但费德勒在2014赛季一共闯入了包含温网在内的12站决赛，夺得了辛辛那提、上海两站大师赛冠军，

迪拜、巴塞尔两站500赛冠军，哈雷的250赛冠军，以及代表瑞士队夺得戴维斯杯决赛冠军。

　　其中有两个冠军对费德勒来说意义非凡，首先是上海大师赛。早在2002年，费德勒就与上海这座城市结下了不解之缘，那一年是上海承办的首届大师杯赛，年仅21岁的费德勒也是第一次来到魔都，虽然他在半决赛遗憾负于"澳洲野兔"休伊特无缘晋级，但在之后所向披靡的那几年里，他曾连续5年闯进决赛，收获了4座冠军奖杯。当2005年大师杯赛遭遇退赛危机时，他第一个站出来说自己将一战到底，并且还亲自参加了旗忠网球中心的建成仪式。

　　从2009年起，大师杯赛更名年终总决赛，并且移驾伦敦，上海升级为上海网球大师赛，是亚洲唯一的ATP1000赛事。费德勒身为上海人民的"老朋友"，自然不会缺席，但直到2014年他才又一次在上海夺冠，这是他首次捧起上海大师赛冠军奖杯。颁奖典礼

上，费德勒直言能赢得这项赛事的冠军，让他有种"梦想成真的感觉"。

谁能想到，三年后的第38次"费纳决"在上海大师赛的决赛上演，费德勒以6∶4、6∶3横扫纳达尔，二度在上海捧杯。那时候的他对简单的上海话已经是信手拈来，颁奖典礼上一句"阿拉，上海"引得全场球迷沸腾。

多年来沪参赛也让费德勒收获了一大批中国球迷。无论对手是"红土天王"纳达尔，还是"塞尔维亚天王"德约科维奇，只要身处这座城市、这片赛场，"瑞士天王"总有一种将球场化作主场的魔力。2017年的赛前，费德勒还曾特意体验了上海的地铁13号线，不仅自掏腰包买票，还热情地与上海大叔聊起了天，亲切和蔼、毫无顶级球员架子的"瑞士天王"更加俘获了中国球迷的心。

"你为什么喜欢上海？"曾有人这样问他，费德勒的回答很坦

诚，他说不知道为什么，"但这里有家的感觉"。

费德勒在2014年的回归看似顺风顺水，实则危机四伏。费德勒在年终总决赛对阵瓦林卡的半决赛最后阶段背伤复发，虽然最后取得了胜利，但在对阵德约科维奇的决赛前，O2球场的观众等来了"费天王"的出现，只不过一身休闲装的费德勒宣布了退赛的消息。

这是费德勒职业生涯第三次出现赛前退赛，但年终总决赛之后仍有一场赛事，是费德勒即使有伤在身也要咬牙坚持的比赛，那就是有着国家荣誉象征的戴维斯杯，也是费德勒2014年意义非凡的又一冠。

戴维斯杯的赛程横跨全年，它将在2014年11月23日迎来瑞士队与法国队的巅峰对决。这一天，法国北部最大的城市里尔的室内红土场涌进了27448名观众，这是有史以来戴维斯杯现场观赛人数的最高纪录。

在首场单打输给孟菲尔斯之后，费德勒和瓦林卡顶着巨大压力出战双打，最终大比分3∶0力克贝内特乌和加斯奎特。第四场单打，只要费德勒战胜加斯奎特，瑞士队就将取得胜利，最终17次大满贯冠军得主不负众望，在这场"单反对单反"的比赛中，最终以6∶4、6∶2、6∶2直落三盘战胜了加斯奎特，帮助瑞士队首夺戴维斯杯的冠军。

这项历史长达115年的赛事走向新的高潮，戴维斯杯历史上第14个冠军队伍诞生了，费德勒为自己传奇的职业生涯又写下了浓墨重彩的一笔，为自己的荣誉册上又增添了新的奖杯。

从1999年首次参加戴维斯杯，到2014年最终捧杯，费德勒也收获了自己在戴维斯杯上的第50场胜利，超越了赫拉塞克，成为瑞士队历史上在戴维斯杯中获胜场数最多的选手。队友瓦林卡毫不吝惜对费德勒的赞美之词，称其为神奇的运动员打了一场伟大的比赛，也打出了最好的网球。

2014赛季33岁的费德勒获得了85场比赛73胜的不俗战绩，拿下了5个巡回赛冠军，此外还是自1973年以来年龄最长的世界第二。

值得一提的是，费德勒在2014年的"成就"远不只在网坛。2014年5月7日凌晨，费德勒在社交网站上宣布，继2009年他拥有一对双胞胎公主之后，他的妻子米尔卡又生下了第二对双胞胎，这次是儿子。费德勒儿女皆成双，成为四个孩子的父亲。面对这一壮举，网友纷纷感叹："20年后，小费德勒将统治整个网坛。"

上一次是一对双胞胎女儿，这次又是双胞胎儿子，如此事件的概率到底有多大呢？据英国《每日邮报》此前的报道，一位英国的妈妈曾在14个月内连续产下两对双胞胎女儿，当时便有医学专家称，连生两对双胞胎的概率约为1/60000，而费德勒儿女双全，"好"上加"好"，如此小概率的事件真是让费德勒无愧"人生赢家"的头衔了。有网友脑洞大开地留言道："我不禁开始畅想若干年后的某届大满贯上，男单、男双、女单、女双、混双冠军全部被费德勒家摘走的奇景。四位长相酷似的男女选手先后捧起了五尊奖杯，他们全部都叫费德勒！"

06　超级对手

　　击败拉奥尼奇获得2015赛季布里斯班赛的冠军，新赛季开赛仅一周，费德勒又达到了一个新的里程碑——这是他职业生涯所斩获的第1000场胜利，成为继康纳斯和伦德尔之后，第三位加入"千胜俱乐部"的运动员，他也成为公开赛时代以来首位连续15年至少每年都有冠军入账的球员。

从1998年在图卢兹赛首轮战胜拉乌，到33岁迎来第1000胜，费德勒用了17年。只要保持这样的水平，一步一个脚印，费德勒就是网坛纪录收割的永动机。但费德勒可能没想到，今年这条路上最大的对手不是自己，而是德约科维奇。

费德勒的教练柳比西奇曾说过这样一句名言："我们拼命打进决赛，然后输给一个叫费德勒的人。"以此来形容巅峰时期的费德勒，这句话放在2015年，主角可以替换为德约科维奇。

这一年的德约科维奇到底有多"恐怖"？2015赛季他只输了6场比赛，战绩为82胜6负，胜率高达惊人的93.1%；全年他共参加16站赛事，15站闯进决赛，取得11冠4亚；四大满贯均闯入决赛，获得3冠1亚，唯一的败绩来自法网决赛负于瓦林卡；全年9站大师赛8站挺进决赛，获得6冠2亚，分别是罗杰斯杯负于穆雷、辛辛那提负于费德勒；年终积分16585分几乎是排名第二的穆雷（8670分）和排名第三的费德勒（8340分）两人之和。

"新生代们"的不争气、穆雷不允许的实力、纳达尔罕见的低迷，导致四巨头中只有费德勒能与德约科维奇抗衡，2015年两人就交手了8次，可见费德勒的顽强抵抗。但在8次对决中，德约科维奇深谙"有的放矢"之道，费德勒只得手了3次，且胜利的价值远不及德约科维奇取胜的含金量。

在迪拜赛，费德勒击败了德约科维奇，不仅成功卫冕，也继温网和哈雷赛之后，又解锁了一项7次夺冠的赛事；不过很快德约科维奇就在印第安维尔斯决赛战胜费德勒，扳回一局；进入红土赛季，费德勒首次在罗马大师赛闯进决赛，却败在了德约科维奇拍下；在辛辛那提，费德勒将德约科维奇的"金满贯"大业又推迟了一年，但这远不及德约科维奇连续在温网、美网两个大满贯决赛战胜他而带来的伤害；在伦敦年终总决赛，费德勒在小组赛又终结了德约科维奇的一系列连胜纪录（美网23连胜、室内赛38连胜、总决赛15连胜），然而在决赛脆败给对手，以连续重量级的"三亚"，饮恨结束赛季。

　　2015赛季总决赛过后，德约科维奇追平了与纳达尔、费德勒的交手战绩。德约科维奇的2015赛季被很多人拿来与费德勒的2006赛季相比。

　　单从数据上看可谓仁者见仁，智者见智。2006年，费德勒单赛季拿下12个冠军，其中包括3个大满贯，总战绩为92胜5负。2015年，德约科维奇单赛季拿下11个冠军，本赛季战绩为82胜6负，冠军数和胜率上虽落后费德勒，但在大满贯和总决赛打平的情况下，德约科维奇6冠2亚的大师赛战绩优于费德勒的4冠2亚。此外，德约科维奇本赛季31次战胜TOP10球员，费德勒的这一数据仅是19次。更重

要的是，在两人的直接碰面中，德约科维奇的5场胜利来自温网、美网、总决赛和两个大师赛决赛，场场关键。

2014和2015两个赛季，费德勒分别闯入了两次温网决赛、一次美网决赛、两次年终总决赛，对手都是同一个人——德约科维奇，然而这五次决赛均以费德勒失败告终。

自古打江山容易守江山难。德约科维奇从挑战者变成统治者，不易；但费德勒从统治者变为挑战者，更难。年纪论似乎更加成为真理：33岁的费德勒只能带来挑战，却再也不是创造奇迹的那个费德勒了。

费德勒的移动不再那么迅捷，正手不再拍拍致命，进攻不比以前犀利，反手失误逐渐增多……美网决赛输得在意料之中，而当他在颁奖典礼上说出"我们明年见"的时候，人群中发出了整晚最热烈的欢呼声。

没有人是常胜将军，永不言弃，永不绝望，也许费德勒的坚持才是留给球迷的最大财富。他体现了一个运动家该有的态度和精神：无论胜利或失败，永不放弃探索自己的极限。

07 暂别赛场

　　"亲爱的球迷们，我非常遗憾地宣布，我将不会代表瑞士出战里约奥运会，同时我将会缺席本赛季剩余的全部比赛。要做出这个决定真的非常困难，在年初接受膝盖手术之后，我需要让膝盖得到全面的休养。"在2016年里约奥运会开幕还有十天之时，费德勒在个人社交媒体上宣布自己的2016赛季提前结束。

　　今年年初，他在澳网男单半决赛负于德约科维奇，第二天他在浴室准备帮双胞胎女儿洗澡时，一个转身动作让他的左膝半月板撕

裂。命运有时候就是这样奇怪，费德勒自己也觉得不可思议："就这么简单的动作，这个动作我估计已经做了上百万次。"随后，费德勒接受了职业生涯的第一次手术。

实际上，从2016年开始费德勒就一直存在着身体不适：年初患了感冒，澳网四强败于德约科维奇，2月手术，3月胃部感染影响上半年北美赛季，5月在马德里背伤复发，考虑到身体状况同时也是为了保证草地赛季的状态，费德勒选择了临时退出当年的法网，这样意味着他从2000年澳网开始连续65次参加大满贯正赛的传奇纪录就此终结。温网四强败于拉奥尼奇，此后因为膝盖受伤退出2016年的所有赛季。巡回赛上他也表现平平，最好成绩是年初布里斯班不敌拉奥尼奇收获亚军。

费德勒对于自己伤病的信息一直以来都很低调，很少有人会主动把伤病和他的比赛失利联系在一起，这次他甚至悄悄进行完手术后才主动向外界透露。"今年早些时间我的膝盖曾经接受手术治疗，为此我需要更多的时间让它们能够完全恢复健康。医生说，如果我想在未来几年的巡回赛上发挥自由，我就必须给我的膝盖和身体充分的时间来休息以及恢复。"

逐　鹿

【在费德勒漫长的18年职业生涯里，这是他受伤病困扰最严重的一次。全年他没有夺得任何一个赛事冠军，唯一的"冠军"是在著名时尚杂志《GQ》获得的"2016年度型男"奖项。14年来首次跌出前十，14年来首次无缘年终总决赛，14年来首次全年无冠……每一个数字的破碎似乎都预示着那个18冠的梦想已经走远。】

费德勒退出2016赛季剩余全部比赛的消息让全世界的球迷们心碎了一地，社交网络上一片哀号，除了对费德勒膝伤的严重程度感到震惊和遗憾外，更重要的一点是，人们自然而然地开始猜测费德勒职业生涯还能剩多长时间。虽然他在退出声明中表示自己会在2017赛季回归，但毕竟天王已经35岁了，在伤病、年龄、竞争力、家庭的多重因素下，未来始终是个问号，很多人开始担心如果恢复情况不理想，费德勒可能会就此直接退役。

在2015年的巴黎银行赛接受采访时，费德勒曾经表示："我的想法是能更久地留在比赛中。正因为如此，当我在2004年成为世界第一之后，我就和我的体能教练决定制订长远计划。不论之后我们成绩如何，我们的计划都是长线的。"

其实在经历了2013年的低潮期后，费德勒及其团队就尝试了很多办法做出调整，在战术上，改善打法，尽量避免多拍，增加截击和攻击，甚至还发明了一种新的进攻方式——罗杰偷袭招，简称"SABR"（Sneak Attack By Roger），一时间成为体育界热议的话题；在装备上放弃坚持了很久的小拍面改换大球拍，启用全新装备使攻击性更强。

在团队成员上，他结束了与埃德伯格的合作，转而聘请了柳

比西奇，以增加自己的临场能力。在赛事安排上，他进一步精简赛事，为了保护健康不惜退出法网和2016下半年赛季。这些措施无疑都是希望费德勒能以35岁"高龄"继续保持ATP顶尖竞技水平。

在缺席的那段时间里，对于费德勒而言最大的挑战就是，怎样做到不被伤势和外界有关退役的各种负面情绪所影响。当最初得知膝伤康复时间将会长达6个月时，费德勒自己也是震惊的，慢慢地震惊变为了释然："在过去20年里，我很少能够在家里待上三到四周。在这么长的时间里，想要一直保持乐观其实有点困难，当烦恼开始日积月累的时候，我就会选择和妻子、教练等人倾诉。"

很多专家断言2016年将成为费德勒职业生涯的终点，他之后再也不会拿到大满贯了。期盼天王能够重回赛场已经成为最奢侈的愿望，那时，哪里会想到更大的惊喜正在悄悄孕育。

王者

PART
5

01 冠军品格

　　2016年底，费德勒在自己迪拜豪宅的网球场直播了一场训练，视频中的他身轻体健，跑跳接发球的状态俱佳，训练结束后费德勒还在直播间和球迷互动，表示自己恢复良好，已经准备好迎接新赛季。这一"福利"无疑给之前担心他伤势的球迷吃下了一颗定心丸。2016赛季费德勒缺席整个后半赛季并承诺次年回归，2017年"费天王"的复出成为焦点。

　　正式来到墨尔本后，费德勒开始了他的第18个澳网之旅。由于2016年缺席了太多比赛，费德勒的排名已经掉到了第17位，如此低的排名对于费德勒来说本应非常不利，因为他很可能会提前遇上高排位球员，增加了出局的风险。然而害怕的却是那些高排位的球员，费德勒一路过关斩将，被人称为"种子炸弹"。

　　决赛——"费纳决"！澳网开始前谁都没有想到的决赛对阵。所有费德勒的球迷和纳达尔的球迷都清楚这三个字代表着什么，一生之敌，右手单反对左手上旋，最犀利的进攻对最强韧的防守，

"草地之王"对阵"红土之王"……同时也代表着11：23一边倒的交手记录、被压制的打法和费德勒的心魔。

不过，当决赛日真正来临，你会发现是费德勒的球迷们想多了，当"费天王"表情轻松地走进罗德·拉沃尔球场，17号种子无所畏惧。

费德勒6：4拿下首盘，纳达尔6：3抢得第二盘，费德勒抓住对手波动，6：1轻松将第三盘收入囊中，纳达尔找回状态赢得第四盘，悬念继续。

湿热的天气，空气中的焦灼让此刻的罗德·拉沃尔球场并不宜人。

决胜盘开始，转播镜头特意给到了澳网冠军奖杯——"挑战者

杯"，这代表着最终的悬念与荣耀归属。

费德勒在第五盘一上来就丢掉了自己的发球局，费德勒球迷的心此刻已经凉了一大半，因为按照本场比赛的进程，先破发的那个总是赢到了最后。费德勒没有抓住接下来对对手的连续几个破发机会，纳达尔3∶1领先，随后费德勒保发成功，接下来是纳达尔的发球局。

这场比赛的一大亮点就是费德勒的反手表现，这项通常被认为是他的薄弱环节，更是纳达尔以往抓住不放的痛击点。今天费德勒的反手却给了所有人惊喜，尽管已经是第五盘，费德勒反手的状态却不减反增，打出了突破。

费德勒在第六局抓住纳达尔的几次击球出界成功反破，将局分扳平至3∶3，全场山呼海啸。

永远不要低估一颗冠军的心！

本场比赛最精彩的一分，甚至可以载入大满贯历史史册的一分来自决胜盘4∶3。第八局是纳达尔的发球局，小分40∶40，在25拍相持之后，费德勒被动下的一板正手直线，纳达尔无力回天，费德勒在这一局完成关键破发。

对于这一次神奇的26拍对攻，天空体育网球专家马克·佩奇说："我见过许多精彩的拉锯，但考虑到当时的氛围，这是我见证过最棒的回合，也许没有之一。"

赛后对于决胜盘，马克·佩奇点评道："这个第五盘是我见过最棒的单盘比赛之一。想想当时的赌注，纳达尔正奔向第15个大满贯，而费德勒将停留在17个，纳达尔越追越近，而且交锋记录占压倒性优势，人们会开始重新讨论历史最佳的归属。这个第五盘对他们来说，分量太重了。这种情况下，费德勒落后一次破发，而纳达

　　尔的表现又完全在水准之上，他还能取得逆转这实在令人震惊。我从未见过他打得比这更好，无疑这是他最伟大的成就。"

　　5：3，第二个冠军点，费德勒做出最后一发，小球带着强力旋转冲破纳达尔的防线，纳达尔挑战鹰眼，伴随着镜头前的"挑战者杯"，鹰眼清楚显示压线，纳达尔挑战鹰眼失败，费德勒赢下比赛！

　　【这一次人群的欢呼震动了整个罗德·拉沃尔球场，费德勒奋力地挥舞双臂，激动跳起，泪水也在这时涌上眼眶。他做到了一个在赛前被认为几乎不可能完成的任务，完成了长达五年的夙愿。】

这位赛会17号种子的第18座大满贯，是写在体育历史上的奇迹。有人说2017年澳网决赛，不仅是两位天王间的球技较量，更是一场"单反VS双反"的视觉盛宴。

　　顶级医学期刊《柳叶刀》曾刊发研究报告称：挥拍类运动是最佳的运动，因为挥拍运动需要技术、战术的完美配合，既锻炼心肺又锻炼大脑，而网球运动是挥拍类运动中条件最为苛刻的。想成为出类拔萃的职业网球运动员，必须有短跑运动员的爆发力，同时具备马拉松运动员的耐力。除此之外，他还必须拥有一位象棋大师般的视野和智慧、从容布局，勇气与耐心兼备，如果再能有一些表演天赋的话就更完美了，毕竟，人们看球终究是想体会到被娱乐的乐趣。

费德勒具备一位网球冠军所必需的所有素质。球风华丽，又兼具实用性，犀利的正手再加上潇洒飘逸的单反，当他在场上尽情挥舞球拍时，让人很难不注意到并为之沉迷。就连宿敌纳达尔的叔叔、长期担任纳达尔教练的托尼·纳达尔就曾直言："我喜欢古典风格的打法，如果可以选择的话，那么我宁愿纳达尔像费德勒一样打球。"这就是费德勒在场上的吸引力。

费德勒举拍击球之间散发的魅力来源，那就是他出神入化的单反，而且他在击球瞬间的表情管理堪称一绝。大部分球员击球瞬间都表情狰狞，让摄影师捕捉到的高清画面令人不忍直视，而费德勒独树一帜的"扑克脸"，奠定了他在网坛优雅潇洒的气质形象。

单反即单手反手击球，这项技术源自网球的木拍时代。那时候的网球还只是一项贵族之间的娱乐活动，相较于取胜，挥动球拍之间散落的贵族气质是第一要义，所以单反从诞生起力量和稳定性较双反欠缺，但优点是控制范围更大，想要用单反发出杀伤力的球，光是极致控球能力的要求就劝退无数选手。不过单反本身动作清雅、毫不费力的美感和难以捉摸的变化魅力十足，一直到20世纪70年代，单反都是网球运动的主流。

随着网球拍从木拍改成金属球拍，再发展到碳素等复合材料，拍子的形状与球拍材质和外形发生了翻天覆地的变化，单反如同早已过时的武器，双反开始渐渐流行并逐步占据主流。在这种大环境下，费德勒的称雄让单反再次名扬四海，在很多人看来颇有些复古的意味，再加上他优雅的气质、精准的步伐、轻松舒展的动作，网球闪现出迷人的贵族气质。

曾有记者问过费德勒："为什么选择打单反而非双反？"费德勒的回答是："因为我的偶像，比如桑普拉斯都是打单反的，我没得

选择。"这或许也只是一句玩笑话，但年少的费德勒心中确实已经埋下这颗种子。

费德勒的启蒙教练卡特也是单反的拥趸者，他把大部分时间都倾注在费德勒的反手锤炼上，使费德勒从被迫反手削球中找到单反的自信。此外，卡特还将自己的发球上网秘籍一并传授给费德勒，正是在伯乐恩师的浇灌下，费德勒这匹千里马才逐渐脱颖而出，闪耀网坛。卡特意外离世后，费德勒将单反这一难度超大的古典与传统结合的技术，以超乎寻常的毅力将其不断的进化着，献给球迷一次又一次华丽而优雅的视觉享受。

更令粉丝痴迷的是，费德勒的单反并不是为了展示优越，而是作为一项技术，是为整体的技术体系而服务的。用传统温和的单反抗衡、摧毁现代打法，"瑞士天王"的单反如同利刃出鞘一样干净，挥拍间暗流涌动，拥有一种让人说不尽、道不明的魅力。后来的纳达尔曾说过，只有自己注意力不集中和丧失理智时，才会将球打到费德勒的反手位置。

纳达尔或许在2017赛季伊始"开小差"的次数有点多，导致他在随后的春季北美赛季又接连败在了费德勒的拍下，分别是印第安维尔斯第四轮和迈阿密的决赛，费德勒也没有辜负老友的"大礼"，在橙色的纸花下，费德勒第三次感受到了"阳光双冠"的美好。

除了强大的单反，费德勒的正手也被誉为"上帝送给人类的礼物"，他的正拍从引拍、挥拍到触球点的选择都堪称教科书级别，而且球路，变幻莫测又常常能一击致命。他职业生涯的巅峰时期，几乎没有人能够与他在正手位展开真正的抗衡。在很多网球球迷心里，"上帝之手"不是马拉多纳在1986年墨西哥世界杯上的那只手，而是费德勒巅峰时期的正手。

除了正反手外，费德勒的发球也常被人称道，因为他的发球并不是伴随着一声巨大的呻吟声击出的强力正手球，也不像罗迪克那样经常能发出每小时140英里时速的ACE球，但他的发球无疑是最难预测、效率最高的，速度、落点以及旋转的变化让对手猝不及防，是巡回赛场上最可怕的武器之一。网前截击、放小球、高压等技术，费德勒都做到了顶级出色，更不用说"费天王"征战巡回赛场20年积累的经验和球商了。

费德勒之所以能成为网坛的常青树，还在于他拥有十分丰富的武器库。他的发球、正手、切削、截击、高压等各项技术行云流水，就比赛的观赏性来说，费德勒已是登峰造极。

费德勒总是可以打出令对手意外的一击，他也可以欺骗性地发出一个弹跳很高的发球，他会在最后一秒突然放慢挥拍速度，心烦意乱的对手手足无措；他可以对一次正手击球施加浓重的上旋球，

以至于司线员已经准备喊出界，但球最终却狠狠砸在底线；他也可以用反手切削出强烈的下旋球，球在来到对方场地上后几乎没有什么弹跳，或是落地，或旋出界外，而对手所能做的就只有无助地"望球兴叹"。

所以费德勒的打法到底是什么风格呢？他自己称之为"复古风格"，他也确实像是那个以木拍、艺术气息、战术和运动天分为特征的年代代表。冈特哈德的描述更为精准："他会冲上网前或是坚守底线、防守、进攻、打得很快、打得充满激情、上旋或是削球，他击球的变化是如此巧妙。他好像是以综合了过去20年来所有伟大球

　　　　　　　　励志名人传之网球天王

员的各种方式在打球——也正因为如此，才让他如此与众不同。"

"如果还想再赢一次什么赛事，那会是什么呢？""温布尔登。"费德勒毫不犹豫地说，"这是我的偶像们贝克尔、埃德伯格、桑普拉斯赢过的赛事，我在1998年是青少年组冠军，我的第一个大满贯也是在这里赢得。我在那里赢得了那么多不可思议的赛事。温网是我心中的圣杯。"

这一年7月16日，温布尔登中央球场，费德勒捧起了第8座温网冠军奖杯，也是职业生涯第19个大满贯冠军。他也成为公开赛年代以来温网最年长的男单冠军：35岁11个月零9天。

如果一位选手一个赛季的胜率能够达到或者超过90%，那将是一个非常神奇的数字，而费德勒以36岁的"高龄"在这个赛季再次做到了这一点。他本赛季只参加了12项赛事，8次杀进决赛，7次获得冠军（两个大满贯冠军、三个ATP1000大师赛、两个ATP500赛冠军），含金量十足。整个赛季的战绩是惊人的54胜5负，胜率高达91%，效率之高令人赞叹。

【正是凭借2017年的"王者归来"，费德勒在第二年的劳伦斯上，独自包揽劳伦斯年度最佳男运动员和最佳复出两项大奖，再次创造了该奖项的历史。】

当然，2017年的荣耀不只属于费德勒一个人，与之平分秋色的还有他的老对手、老朋友和"新搭档"纳达尔。

02 亦敌亦友

　　纳达尔收获法网和美网冠军，费德勒在澳网和温网加冕，两人包揽了2017年的四大满贯，加起来拿了35个单打大满贯冠军，这个数字在2020年成为40个。

　　当两人一起站在网球场上，不再是隔网相对，而是强强组合，那会是怎样的场景？

　　2017年9月，首届拉沃尔杯在捷克首都布拉格开打，这项有着表演赛性质的团体比赛是由费德勒发起，旨在向20世纪60年代的伟大网球选手澳大利亚名宿罗德·拉沃尔致敬。

　　其赛事最大的亮点无疑是费德勒和纳达尔同作为欧洲队队员，将合作出战双打比赛，真可谓"活久见"系列了。英国《每日电讯报》撰文称："为了观看这81分钟的男双比赛，整个世界都静止了。"

　　在当天的比赛中，两个人第一次作为队友携手作战默契并不好，接一个高压球也差点撞到了一起，但却让观众大呼精彩过瘾。

励志名人传之网球天王

最终他们还是击败世界组的对手，帮助欧洲队确立了领先。

费德勒也难掩喜悦："这是一个伟大的时刻。我们只合练了一次就来参加比赛了。和纳达尔同场作战，看他打球是一种享受。"

"这是一个难忘的日子，是创造历史的特别时刻。"纳达尔说。

拉沃尔杯最经典的一幕，费德勒在单打中为欧洲队锁定冠军。比赛结束后，纳达尔蹦蹦跳跳地来到场上，一下跳到了费德勒身上庆祝，费德勒也一把抱住了纳达尔，将队友拥入怀中高高举起，场面一度让无数球迷和粉丝直呼过瘾。

早在2017年澳网决赛前夕，纳达尔的一席话就让媒体和球迷们津津乐道。当记者问道纳达尔最欣赏费德勒什么地方时，他害羞地笑了，并拒绝回答这个问题。他说："我不想看起来像是他的男朋友。"

"费纳"好友关系深入人心，美国名宿麦肯罗也调皮地开起两人的玩笑。2019年澳网激战正酣，费德勒首轮轻松过关。赛后接受麦肯罗的场边采访时，有球迷在看台对他进行疯狂表白："罗杰，我爱你！"费德勒自然是见怪不怪。倒是一旁的麦肯罗调侃起了费德勒："是纳达尔吗？"引得全场大笑。

"费纳决"除了代表着巅峰对抗，更是网坛甚至体坛"相爱相杀"的代表，他们的友情更是最令人欣慰的佳话之一。甚至因为对两大天王都很喜爱，球迷里出现了"豆奶粉"（即纳达尔、费德勒的双重球迷）这样独特的群体。

当年纳达尔前往苏黎世的时候，费德勒专程开车去机场迎接好友，这样的举动甚至引起了诸多费德勒女球迷的"妒忌"；而2009年费德勒澳网失利、泪洒墨尔本的时候，纳达尔放下冠军奖杯，第

励志名人传之网球天王

一件事情就是安慰身边的对手，那幅真挚温馨的画面至今让人记忆犹新；2010年费德勒和纳达尔为表演赛拍摄宣传视频，两人在交流中，费德勒因为纳达尔听上去有些奇怪的西班牙口音而笑得简直停不下来；2016年纳达尔的网球学校在马洛卡开张，费德勒百忙之中远渡重洋为其担当揭幕嘉宾，他还说如果自己的孩子想学网球的话，他一定会把孩子送到纳达尔的网校。对于费德勒的到来，不善言辞的纳达尔表示："这对他来说意味着一切。"两位最伟大球员一直保持着良好的友谊，费德勒也曾说过他私底下还会跟纳达尔的家人一起吃饭。

场下温情地相处，场上"薄情"地对决，费德勒、纳达尔是历史上最伟大的对手之一，两人交手多达40次，为观众和球迷奉献了

许多史诗大战。费、纳之间有太多的故事，两人的比赛也充满了传奇，华丽的打法，顽强不息的战斗精神，"费纳决"永远是网坛最经典的对决之一。

古人云："既生瑜，何生亮。"费德勒的粉丝总是幻想并感叹：如果网坛没有纳达尔，那费德勒的大满贯数量会是多少呢？

回顾两人的战绩，2004年的费德勒正是如日中天之际，但一个来自西班牙马洛卡的小子，却偏偏要挑战瑞士人的"权威"。两人之间的第一次交手是在2004年的迈阿密赛，还不满18岁的纳达尔，就让当时已经拿到温网和澳网冠军的费德勒俯首称臣，也奠定了费、纳之间对抗的基调。

巧合的是，两人的第二次对决同样发生在迈阿密，一年之后，两人在决赛相遇。在盘分2：0领先的情况下，纳达尔的胜利犹如探囊取物，但被逼入绝境的费德勒迅速调整状态，爆发出惊人能量，最终连追三盘，3：2实现逆转。

2005年的费德勒，距离全满贯只差一个法网冠军，但纳达尔的出现，让"瑞士天王"成就全满贯的伟业推迟了四年多。2005年法网半决赛，2006年至2008年连续三年法网决赛，纳达尔都击败了费

励志名人传之网球天王

德勒，后者始终无法在罗兰·加洛斯实现突破，红土也被看作费德勒职业生涯里唯一的"薄弱"，而至今交手40次的记录里，纳达尔始终保持着24：16的占优，这其中红土赛季的成绩功不可没。

纳达尔保持着81场红土连胜的惊人纪录，费德勒保持着草地和硬地球场的连胜纪录，分别为65场和56场，有趣的是，两人的纪录都被对方所终结。费德勒在草地和纳达尔在红土的无与伦比的统治力催生了一个有趣的创意。2007年5月，费德勒、纳达尔进行了一场表演赛，场地的一半是草地，一半是红土，分别是两人最为擅长的场地类型。最终，纳达尔在决胜盘抢七局以12：10获胜。

"费纳决"也是为大场面而生的对决，回顾两人的40次交锋，有14次发生在大满贯比赛中，有24次发生在大师赛以及年终总决赛（含大师杯）上。仅有的两场500赛交手，一次发生在遥远的2006年，纳达尔以2：6、6：4、6：4的比分逆转获得迪拜站冠军。另一次则是2015赛季末的巴塞尔站，费德勒在家乡父老面前三盘复仇老

对手捧走冠军。

毫无疑问，纳达尔始终是带给费德勒最大威胁的那位球员，费德勒依旧在交手记录中以16：24落后较多。当纳达尔在大满贯中面对费德勒时，他的战绩要明显优于巡回赛。四大满贯之外，纳达尔对阵费德勒的战绩已然是出色的14胜12负，胜率54%，而在大满贯赛场，纳达尔的战绩更是恐怖的10胜4负，胜率71%。

费德勒在新闻发布会上的一席话，无疑道出了广大球迷的心声。2017年，他们的对抗让我们几度梦回十年前。在费德勒和纳达尔双雄争霸的年代，一场没有他俩参加的决赛仿佛算不上决赛。他们年纪在增长，但竞争力依旧，就在人们感叹英雄迟暮、"费纳决"看一次少一次的时候，谁能想到在2019年"费纳决"依旧能上演，还是在法网和温网半决赛这种重量级的关键比赛。

纳达尔如愿在法网笑到了最后，成为首位在同一项大满贯赛事中12次问鼎冠军的运动员。费德勒则没有那么幸运，决赛倒在了德约科维奇的拍下，无缘创造温网9冠的纪录，但他37岁又340天的年纪也成为继1974年澳大利亚球员肯·罗斯维尔之后晋级到温网男单决赛选手中第二年长的球员，而这项纪录的Top6费德勒自己就占了4个。

【对于彼此而言，对方都是自己职业生涯的重要部分，两人始终互相促进，惺惺相惜。有人欣赏费德勒优雅潇洒的艺术网球，有人喜欢纳达尔斗牛一般的野性与不屈；费德勒擅长快速进攻，纳达尔有标志性的高速上旋；费德勒打法杀伐果断，纳达尔则顽强激烈。左手VS右手，双反VS单反，一攻一守之间，互相成就的"费纳"，铸就了体坛最伟大的对决。】

03 完美型男

　　2018赛季开始之前，费德勒曾低调地面对媒体："我必须承认，2017年是令人难忘的一年，如果2018年能取得2017年一半的成就，我就已经非常知足了。"

　　而澳大利亚名将休伊特表示："我们不能用正常人的思维来看待费德勒。在他这个年纪，他仿佛返老还童了。我认为费德勒在2018

赛季依然会具有统治力，尤其是在重大比赛之中，他会继续前进，即使是在36岁甚至更高的年纪，也很可能成为夺冠热门。"果然"旁观者清"。

2018澳大利亚网球公开赛男单决赛，36岁零5个月的费德勒击败西里奇夺冠，将个人大满贯冠军数量提升到史无前例的20个。颁奖典礼上，费德勒接过冠军奖杯后喜极而泣，去年他左手抱着奖杯，右手拥吻妻子米尔卡的画面还历历在目，一年后他再度捧杯，就像爱他的球迷们所说的："时间战胜了所有人，费德勒战胜了时间。"

随后的鹿特丹赛，费德勒以豪取12连胜的战绩再度夺冠，不仅将自己职业生涯的冠军数量提升至97个，而且成为有史以来最年长的世界第一。

依旧强势的纳达尔、复出凶猛的德约科维奇，渐渐崭露头角的新生代，在高手如云、对手耸立的情况下，费德勒依然保持着强劲的竞争力。年终世界第三、赛季50胜10负，斩获一个大满贯以及三个巡回赛冠军，37岁的费德勒在2018年交出的答卷，让人对这位仍然在追求梦想的老将肃然起敬。

不仅在场上，场下费德勒的影响力也在持续输出，费德勒就像是"网坛的贝克汉姆"。虽然他的粉丝不会像对待流量明星一样，见到他就发出少女般的哭泣、尖叫或是晕倒，但在那些对型男本身比对网球运动员更感兴趣的女性中，费德勒同样拥有大量的追随者。

费德勒虽然不像贝克汉姆是潮流引领者，但他同样对时尚非常敏锐，他经常登上《Vogue》（美国时尚杂志）或《GQ》这样著名杂志的封面，拍摄写真或做特写文章。《Vogue》"女魔头"安娜·温图尔是他的迷妹，也经常指点他穿衣。在"女魔头"的指导下，穿衣有道的他早在2016年的时候就击败"抖森"汤姆·希德勒斯顿，拿下《GQ》的年度型男，2020年更是击败"哈卷"哈里·斯泰尔斯、"甜茶"提莫西·查拉梅等人气巨星再度当选，还被《Vogue》评选为男"icon"，半只脚都踩在时尚圈里。

作为时尚圈宠儿，费德勒更是各种颁奖典礼、慈善舞会的常客，2020年盛装出席Met gala（纽约大都会艺术博物馆慈善舞会）惊艳全场。他不仅能把Polo衫穿出优雅感，西装造型还格外有型有款，日常装也不含糊，简约利索的基本款被他穿出了商务精英感。

毫无疑问，在每一个时尚的男人背后，都有一个功不可没的女人，"瑞士天王"表示自己的品位提升要感谢自己的妻子米尔卡的帮助："当我们在一起的时候，她清楚地知道我有几条牛仔裤、几件T恤、几件训练服。可能在我的衣橱里还有一件卫衣和一条腰带。然后她会对我说：'你不觉得我们应该给衣柜升级一下吗？'"

费德勒还谈及了自己对于穿搭的独特见解，他说："每当我

有新'战服'时，我总是试着和我合作的品牌说："别忘了和街上的人们联系起来，也许我们比赛穿的 Polo 衫也可以和牛仔裤一起穿。'"

网球运动是高度职业化的体育项目，职业生涯的成功还能带来巨大的商业价值。2018年7月2日，温网男单首轮焦点战，费德勒速扫对手收获开门红，然而比这场胜利更吸引人注意的是，费德勒那一袭白色球衣上鲜红的优衣库标志。

费德勒在2018年正式结束与耐克长达24年的合作，转投日本著名的快消品牌优衣库旗下，以10年3亿美元（每年3000万美元）的天价合同创造了新的网坛赞助纪录。

从很小的年纪开始，费德勒就已经在网球中挣到比他的同龄人更多的金钱。在18岁时，他在职业巡回赛中就已赚到了11万美元的奖金；23岁时，费德勒成为一位职业球员，他的官方奖金收入已超过了1000万美元；到2007年，费德勒的单赛季一年总奖金就可以达到1000万美元。虽然费德勒不是网球界的第一个亿万富翁，但他是第一个靠比赛收入进入亿万富翁行列的网球运动员。到2020年时，费德勒的职业生涯总奖金已达到1.3亿美元。

但随着成绩的提升，费德勒的身价也在水涨船高，奖金收入占比越来越少，打球甚至可以成为"副业"。虽然他在如今的奖金总额上已落后于德约科维奇，但是在收入方面依旧无人能敌。费德勒的商业代言可以说是球员中顶级的和最多的，他也是一位非常值得品牌信赖的伙伴。

【福布斯发布的2019年6月至2020年6月期间体坛运动员收入榜单上，费德勒以1.063亿美元高居第一，也是历史上第一次有网球选手登上这个榜单榜首，其中费德勒的商业代言费就高达1亿美金，比第二名的C罗和第三名的梅西加起来还要多。】

费德勒的成功不仅来自他的成绩，更多地来自他的处世之道：上海大师赛低谷期的承诺参赛，巴塞尔家乡赛事的连续出席，在母亲的祖国南非的慈善活动等等，在有余力的时候相信费德勒也会对这些年支持他的商业品牌予以坚持。除此之外，外界一直称其优雅和高贵，1998年出道，费德勒身上没有太多的绯闻，没有灯红酒绿，球场拼搏，场下自律，热衷于公益等等，这一切让费德勒的形象和商业价值变得更有含金量。

04 英雄谢幕

　　2020年是命运多舛的一年，一场突如其来的新冠肺炎疫情，让世界体坛都按下了暂停键，网球赛季也经历了一个由停摆到重启再到如履薄冰般进行完的一个过程。赛季取消了众多的赛事，相比较2019年ATP进行的66站赛事，2020年总共只进行了33站，赛事缩水了一半。

　　年初肆虐澳大利亚的山火一度让澳网难以展开，很多选手都因为呼吸困难选择退赛或者提出抗议，组委会在饱受批评和质疑声中，顶着巨大压力让比赛如期进行。澳网赛场的费德勒打得非常顽强，五盘大战击败米尔曼，大比分3∶1击败福乔维奇，八强赛连救赛点五盘大战击败桑德格伦，腹股沟受伤的情况下出战半决赛，最终不敌德约科维奇无缘决赛。

　　令人意外的是，澳网竟是费德勒在2020年唯一征战的一项赛事，2月他接受右膝膝关节手术而进入休战，曾宣布将在温网草地赛季回归，但随着疫情的扩散，温网宣布取消，东京奥运会也被推迟

OPTIMUM

王 者

到了2021年，费德勒没有选择复出，而是进行了第二次的膝关节手术，也提前宣布结束了2020年的征途。

于是，我们看到疫情期间，居家隔离的"瑞士天王"秒变"费三岁"，与纳达尔进行搞笑直播，两位年纪加起来超过70岁的网坛巨头因玩不转社交网络而状况频出，直到大约五分钟后才"连麦"成功，费德勒直呼："我进直播了吗？我终于进来了！"引得网友忍俊不禁。

费德勒还时不时在社交账户上发布一些自己居家隔离的视频，并号召大家一起注意安全，保持锻炼。一身白色西服配上礼帽对墙截击的视频，引发社交网络的转发热潮，众多网友纷纷模仿参加挑战，很多球星也参与其中，足见费德勒的号召力。

早在2003年12月23日，费德勒就注册成立了以自己的名字命名的"罗杰·费德勒基金会"，初衷是帮助南非的孩子接受教育。在疫情肆虐期间，费德勒基金会拨款100万美元，通过在非洲的合作伙伴，在学校关闭期间，为64000名儿童和家人提供餐食，此举获赞一片。

由于疫情困扰，很多赛事被迫空场进行，等待身体康复的期间，费德勒也在以忧郁的心情关注网球，他希望球迷们也能够尽快回到看台："我试着想象了一下，如果没有观众，8个温网冠军对我来说意味着什么。在我看来，它们的情感价值可能就会降低70-80%。我会为那些在没有观众的球场里赢得比赛的球员感到遗憾。"

费德勒休养生息的这一年，他的竞争对手却没闲着。德约科维奇在半决赛击败费德勒后一鼓作气，与新生代代表蒂姆上演五盘大战，最终夺冠，排名重返世界第一；次年的澳网决赛，他再度称霸墨尔本，直落三盘击败又一个新生代球员梅德韦杰夫，创造澳网九冠王奇迹的同时，也将自己的大满贯数量改写为18冠，距离费德勒、纳达尔的纪录一步之遥；3月8日，德约科维奇登顶世界第一的周数来到311周，超越费德勒此前所保持的310周的纪录，独居历史首位。

由于疫情，2020年法网破天荒地推迟至美网后进行，纳达尔战略性地放弃了美网，确保法网的夺冠。2020年10月11日，上一届法网冠军纳达尔一盘未失地闯进决赛，并以送蛋的方式击败了世界排名第一的德约科维奇，第13次捧起法网奖杯，也是个人法网第100场胜利。纳达尔生涯大满贯冠军数量也追平了费德勒来到了男子网坛的巅峰——20个，以前他一直是追赶者的角色，如今两人在大满贯的舞台平起平坐。

王 者

GREATEST
OF
ALL TIME

费德勒在法网决赛后发文向纳达尔祝贺："我一向对好友纳达尔保持着无比敬意，不只是作为冠军，而且是作为一个人。他是我多年来的头号劲敌，我们彼此竞争以成为更优秀的球员，因此我怀着莫大荣耀来祝贺他获得第20次大满贯胜利。"

在2020年底结束的ATP年度各项大奖的投票中，费德勒几乎毫无悬念地荣获最受球迷欢迎球员奖，尽管他2020年高挂免战牌，因为疫情和膝伤休息了一整年，但球迷们依然没有忘了他，这是费德勒连续第18年霸占这一奖项，从2003年开始，这份获奖名单上再无旁人。

不仅是球迷奖，费德勒还曾13次荣获埃德伯格体育精神奖，这一奖项是由球员投出的，说明了费德勒在共同征战巡回赛场上的球员间也有极高的声望。2020年底，在瑞士国内，费德勒以49.1%的选票获得七十年来"瑞士最佳男运动员"奖。

2021年1月，费德勒宣布他将缺席2021年澳大利亚网球公开赛，因为他还需要时间去做膝盖手术后的复健工作。他的复出被再度推迟，直到诺瓦克·德约科维奇打破了他的纪录，成为在世界排名第一位置上累计周数最多的球员，直到3月10日，费德勒才终于在卡塔尔公开赛上复出，结束了14个月的空白期。

然后他经历了此前人生里从未有过的败绩：卡塔尔公开赛止步1/4决赛，日内瓦公开赛在首轮即遭淘汰，哈雷公开赛第二轮出局。他在法网上打得倒是不错，晋级到了第四轮，但他的膝盖再度出现问题，他不得不在第四轮比赛前选择退出。而在他挚爱的温布尔登，39岁的费德勒成为公开赛时代以来晋级温网八强年纪最大的选手，然而，他在1/4决赛中被14号种子胡贝特·胡尔卡奇横扫出局，这也是他参加温网19年来第一次在比赛中全盘皆输。

　　许多人会将他在2021年的复出形容为"过于勉强"，他在2020年年末的世界排名是第五，但经过近半年的努力，他的成绩为9胜4负，没有一个冠军进账，而且年末排名下滑到了第15。这并不是说他完全没有闪光点，他依旧能轰出精准的ACE，或是令人鼓掌的网前拦截，但他看起来已经不再是那个伟大的罗杰·费德勒。

　　斗转星移，即使神祇也得屈从于时光。

　　8月15日，费德勒宣布他将再进行一次膝盖手术，他将缺席接下来的美国网球公开赛和本赛季接下来的所有比赛。他说他将缺席"很多个月"，但他希望他能在2022年重返巡回赛。

　　他没能再回到锦标赛的赛场上。2022年6月13日，他的世界排名掉出了前50名。7月11日,他第一次失去了他的世界排名。

　　他选择拉沃尔杯作为他的复出之地,后来我们知道,这也是他选择的"天鹅之歌"。2022年9月15日,他宣布拉沃尔杯将是他参加的最后一站ATP赛事,他将在此之后正式告别职业网球赛场。"我付出了极大的努力,以恢复到最佳的竞技状态,"他在一封视频信里说,"但我也了解自己身体的能力和极限都在哪里,而它最近给我的信号已经足够明显。"

　　在这最后一支"舞曲"里,他选择了纳达尔作为他的双打搭档,而德约科维奇和穆雷则是他的队友,他选择了与他长久以来的对手、朋友和盟友共同完成他的告别。他说,他不愿意"在场上感到孤单"。

　　于是没有比这更合适的安排。拉沃尔杯是一项团体比赛,是欧洲最优秀的球员与世界上其他地区的精英对战的地方,而费德勒的告别就安排在2022年拉沃尔杯的开幕夜。那一天,有17500名观众到现场观赛,其中很大一部分人的外套上印着"RF"的字样,那是费

德勒的个人标识，他们是他的球迷，而感谢和支持的标语更是在观众席上随处可见。

这是专属于罗杰·费德勒的夜晚。

这场比赛终结于"费纳组合"的抢七失败，费德勒的最后一记回球让对方寻到机会，将球打到了他和纳达尔无法顾及的盲区。"四巨头"的时代正式滑入历史，费德勒的告别在此刻到来。

他走向他多年以来的宿敌和挚友，他挨个拥抱了在场的所有球员和教练，还有在旁边观战的数代传奇——吉姆·考瑞尔、罗德·拉沃尔、斯特凡·埃德贝里。费德勒的下唇开始轻轻颤动，他的冷静自持逐渐消失，情绪翻涌上来。"我从未想过能走到这里，"费德勒在场边接受考瑞尔采访时说，"我只是非常高兴能跟朋友一起打网球，然后我最终走到了这里，我只能说，这是一趟完美的旅程，我愿意重头再来一遍。"

当他提起他的妻子与最大的支持者米尔卡时，费德勒几乎哽咽得无法说出完整句子："她在很久之前就可以选择让我放弃网球，但她没有，她让我可以继续前进。"几分钟之后，米尔卡会带着他们的四个孩子一起来到他的身边，而他会向孩子们保证，他这是幸福的眼泪，没有一点点悲伤。

在费德勒24年的职业网球生涯里，他总共获得了20座大满贯奖杯和103个职业赛冠军。但他的成就远远不止于这些数字，他展现了历史上最赏心悦目的网球风格，在他的巅峰时期，他将力量与优美共存，是精巧与坚忍的结合，优雅又不失狡黠。他同时拥有拳击手的威压与芭蕾舞者的美感，他几乎从不急躁，极少失去平衡，他的单手反拍堪称值得被收藏进博物馆的艺术精品。

网球会永远记得这一切。

网球也会永远记得，从费德勒开始，然后是纳达尔，接下来是德约科维奇和穆雷，他们在世纪之交那几年相继进入职业网坛，成就了男子网球的"黄金时代"。在过去18年里面，他们彼此交手超过200次。从费德勒在2003年问鼎温布尔登开始，他们赢得了过去77座大满贯奖杯中的66座，这个数量几乎等同于自1968年网球成为一项职业运动以来的大满贯冠军数量的1/3。他们之间的竞争令人津津乐道，而究竟谁才是历史上最伟大的球员，这个争论将一直持续到"黄金时代"的终结。

　　当埃利·古尔丁在球场中心将一曲《依旧为你倾心》作为致敬时，费德勒和纳达尔坐在场边的板凳席上，他们之间曾经历了40场难以磨灭的战斗，让巴黎、伦敦和墨尔本的标志灯光为他们点亮。这一刻，他们的竞争终结于球员席上交握的双手。纳达尔抹着眼泪，他承认，随着费德勒的离去，"我人生中很重要的一部分也随之而去了"。

　　在他们身后站着的是泪眼朦胧的德约科维奇，他在后来的采访里说，费德勒的退役典礼让他开始设想自己离开网球的时刻："除了家人和我身边亲近的人之外，我当然也希望能让我最大的竞争对手都到场见证。因为那让一切变得更特别，让那一刻变得更加重要。"

　　网球会永远记得，这个时代见证了费德勒和其他几位巨头之间激烈的比拼和彼此的尊重，而他们也同样定义了这个时代，这超越了纪录与胜场数、冠军或是精彩集锦。他们共同成就了一个无与伦比的时代，让无数孩子对网球这项运动心生向往，在未来回望也定然熠熠生辉。

　　网球会永远记得罗杰·费德勒。

档案

中文名：罗杰·费德勒

绰号：费天王、奶牛

国籍：瑞士、南非（双重国籍）

出生日期：1981年8月8日

出生地：瑞士巴塞尔

身高：185厘米

体重：85千克

转职业年：1998年

技术特点：右手握拍、单手反拍

职业奖金：130594339美元

主要成就：310周男子单打世界排名第一、20届大满贯得主、
5次劳伦斯最佳男运动员奖

家庭：妻子米尔卡，2009年结婚
双胞胎女儿沙琳·甲瓦·费德勒和米拉·罗斯·费德勒，
2009年7月出生
双胞胎儿子莱奥和莱尼，2014年5月出生

商业帝国

　　网球运动是高度职业化的体育项目，职业生涯的成功还能带来巨大的商业价值。费德勒不但拥有伟大的网球成就，而且他的球风优雅，个人气质谦逊儒雅，更难得的是，他家庭幸福美满，是一位非常值得品牌信赖的伙伴。目前，费德勒的商业代言项目涵盖了服装、名表、银行、食品、汽车、运动品牌、剃须刀等很多品牌。

　　2020年福布斯排行榜，费德勒以1亿630万美元的收入力压C罗、梅西等体坛巨星，瑞士网球名将费德勒成为全世界过去一年中收入最高的运动员。而他也成为首位登上该榜单第一的网球运动员，为世界网坛创下又一历史。

2020年体育明星收入排行榜

排名	姓名	国籍	项目	比赛收入（美元）	广告收入（美元）	总收入（美元）
1	费德勒	瑞士	网球	630万	1亿	1.063亿
2	C罗	葡萄牙	足球	6000万	4500万	1.05亿
3	梅西	阿根廷	足球	7200万	3200万	1.04亿
4	内马尔	巴西	足球	7050万	2500万	9550万
5	詹姆斯	美国	篮球	2820万	6000万	8820万
6	库里	美国	篮球	3040万	4400万	7440万
7	杜兰特	美国	篮球	2890万	3500万	6390万
8	泰格·伍兹	美国	高尔夫球	230万	6000万	6230万
9	柯克·考辛斯	美国	橄榄球	5800万	250万	6050万
10	卡森·温茨	美国	橄榄球	5510万	400万	5910万

慈善事业

2003年12月23日，年仅22岁的费德勒就注册成立了以自己的名字命名的"罗杰·费德勒基金会"，他担任基金会主席。

基金会旨在通过发展非洲现有教育服务资源以及提升当地儿童早期护理中心、幼儿园和小学的相应水平，让更多非洲地区的贫农困儿童获得尽早接受教育的机会和提升教学及生活水平。目前，基金会已经累计投入1200万美元，建造了81所学校，而除了非洲，该基金会还帮助瑞士的贫困儿童开展课外活动。据基金会官网显示，目前全球受益于基金会公益项目的人数已经超过60万。

从2010年开始，费德勒开始邀请网坛圈中好友举行慈善网球赛，并将所有收入捐给基金会，用于支持非洲儿童教育。与特松加的表演赛仅一场就募集善款100万美元。

2017年4月，作为费德勒的铁杆球迷，前世界首富比尔·盖茨也慕名而来，搭档费德勒成功赢得"为非洲而战"的慈善赛事。

费德勒其实只是半个瑞士人。费德勒的父亲是瑞士德语区人，母亲则来自被誉为"彩虹之国"的南非，所以费德勒是双国籍，他可以流利使用德语、法语以及英语，粗略掌握意大利语、西班牙语、瑞典语，还听得懂南非话。

....

费德勒和米尔卡有一对双胞胎女儿和一对双胞胎儿子，费德勒的姐姐蒂阿娜也生有一对双胞胎。

....

有两条用费德勒的名字命名的街道：一条是在瑞士比尔通往瑞士网球事务中心的"罗杰·费德勒巷"（Roger‐Federer‐Allee），另外一条在德国哈雷通往网球场的路也叫"罗杰·费德勒巷"。

....

费德勒未服过兵役，瑞士男性公民必须服兵役，如果因为特殊原因不能服兵役，则必须用服民役或其他方式代替。

究其原因，据说是因为他的脚。不过，按照瑞士法律，费德勒必须每年向国家缴纳他收入3%的免除兵役税，截至他30岁生日那天。

....

费德勒在14岁之前一直是个素食者。

....

费德勒登上过两枚邮票。2007年，他曾获在世名人作为特种邮票人物的殊荣；之后，2010年，在奥地利，费德勒的头像也被贴在了信封的右上角。

oger - Federer - Allee

llée Roger - Federer

217

十大经典语录

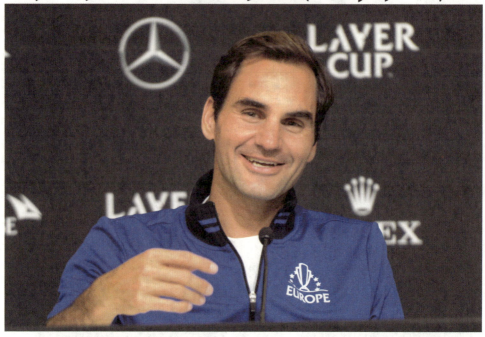

1. "不要叫我保持安静，当我想要说话的时候，我就会说话。"
费德勒罕见的一次情绪爆发，在2009年美网决赛中，他输给了德尔波特罗无缘冠军，在比赛中，费德勒对于裁判大为光火。

2. "我的意见是，这已经是一个很古老的话题了，我还是不喜欢它。"

费德勒被问到对于鹰眼的看法。

3. "嗨，各位伙计，我现在感觉好些了，还是再等一会儿吧……天啊，这感觉就好像是要杀了我。"
费德勒在2009年的澳网决赛中输给纳达尔，赛后他难以控制自己的泪水，身旁获胜的纳达尔也不得不出言安慰。

4."你们都知道，这一点并不是什么秘密，那就是我是一个很有天赋的选手。"
当被问到他是如何能够在这么长的时间内一直保持非常高的竞技水平时，费德勒给出最简单的答案。

5."谢谢，很遗憾我不是父亲。"
在一次采访中，当有记者祝贺他的奶牛朱丽叶（当年费德勒赢得温网冠军，家乡球迷送给他的一份礼物）怀孕将产下一头小牛时，费德勒幽默地回答。

6."我在夜晚也无法睡觉，这感觉简直太令人疯狂了。"
当有记者问费德勒看到自己的头像被如此多地印在公共汽车的车厢侧面有什么感觉时，费德勒如此回答。

7."仅仅是因为我摔坏了一把球拍，并不代表我已经失去了控制。"
一如既往的冷静，费德勒表示即便当他在球场上怒摔球拍的时候，他的头脑依然是非常清醒的。

8."我已经31岁了，不要说得我还如此年轻。"
当记者让费德勒评价他的30岁和罗迪克的30岁有何不同时，"瑞士天王"自嘲道。

9."这真的非常美妙。似乎突然之间每个人都认为我那些好的击球是非常杰出的，就连那些差的击球也被认为是比较杰出的。"
在被问到在2004赛季首次成为世界第一有怎样的感觉时，费德勒如是回答道。

10."噢，桑普拉斯已经有七个了，而我还仅仅只有一个，我还差得太远了，当然，能够与自己如此多的偶像列在同一份榜单上，已经足以让我感到高兴了。"
费德勒在2003年赢得自己首个温网冠军之后这样表示道。

评价

桑普拉斯足够伟大，但如果你的状态好，还可以和他一拼。可是想要战胜费德勒，是更难的一件事。

——阿加西

我跟像桑普拉斯、贝克尔、康纳斯和博格这样的众多伟大球员打过球，费德勒是我见过的选手中最优秀的。

——麦肯罗

我已经习惯了费德勒打破我的纪录，我无能为力，但被一个我所佩服的朋友打破纪录会更容易接受一些。费德勒在场内场外都做了了不起的事情，他不愧是一个伟大的冠军。

——桑普拉斯

人们常谈论历史上最伟大的球员，而有史以来最伟大的球员，现在很清楚了，答案就是费德勒。

——鲍里斯·贝克尔

费德勒把网球带到了一个新的水平，他无所不能，再过20年也不会再出现一个费德勒了。

——埃德伯格

虽然我拿到了冠军，但我知道对面站着的是这世界上最强的网球选手。

——纳达尔

我们无须赘言，我们都知道他究竟有多优秀，他是历史上最伟大的球员。

——德约科维奇

我们要做的，就是勇敢地杀入决赛，然后输给一个叫罗杰·费德勒的人。

——柳比西奇

想要在红土、硬地、草地和室内四大场地都保持状态很难实现，唯一可以做到这一点的只有罗杰·费德勒。

——纳尔班迪安

没有费德勒参加的比赛，即使拿了冠军也没意思。

——萨芬

如果你同时拥有以下球员的技术：罗迪克的发球、阿加西的接发球、我的网前截击和休伊特的跑动，也许你有点机会击败费德勒。

——蒂姆·亨曼

我想除了费德勒之外，没有太多人可以做到完美无缺。

——萨曼莎·斯托瑟

费德勒在职业生涯中取得了不可思议的成就，他不仅是一位伟大的运动员，也是一个很好的人，费德勒基金会在非洲所做的那些事情让我印象深刻。

——小威廉姆斯

我最欣赏费德勒的一点就是，即使他并没有感到100%的舒服，但他永远将自己全部的状态表现出来，并且他从来不抱怨。即使他并不在他巅峰时期的状态，他依然继续比赛，继续战斗。

——大威廉姆斯

一个球员的伟大程度可以通过他夺得过多少次大满贯冠军、多少次巡回赛冠军来决定，同时他在世界第一的宝座上占据了多长时间也是一个重要的考量指标，无疑费德勒是这些统计中的佼佼者，更是大满贯夺冠次数最多的球员。

——纳芙拉蒂洛娃

费德勒是历史上最伟大的运动员之一。

——詹姆斯

费德勒是有史以来最好的网球选手之一。

——科比

有许多运动员都是我所崇拜的。纳达尔、费德勒、詹姆斯等，每项运动都有出类拔萃的人物值得我敬仰。

——梅西

梅西、乔丹和费德勒是我见过的历史上最佳运动员。

——皮克

费德勒是网坛中最伟大的球员，他实在非常了不起。

——泰格·伍兹

费德勒是网球历史上最伟大的球员，他所取得的成就独一无二。

——罗格
（前国际奥委会主席）

BIG4时代

费德勒

2003年的温网男单决赛，费德勒赢下个人的第一座大满贯冠军奖杯，2004年他成功拿下澳网冠军，登顶世界第一，至此，费德勒开启了自己的时代。他生涯赢得103个ATP单打冠军，包括创纪录的20个大满贯冠军、6个年终总决赛冠军以及28个大师赛冠军。费德勒被众多网球名宿、现役球队以及评论家认为是有史以来最伟大的网球运动员。

费德勒是全面型打法的代表球员，他在草地赛场的表现尤为突出。费德勒闯进温网男单决赛12次，8次夺得温网男单冠军。他创造草地赛事65场连胜的历史纪录，是名副其实的"草地之王"。

费德勒的20个大满贯冠军中仅仅有1个法网冠军，因为与其同时代有一位被誉为"红土之王"的球员，那就是纳达尔——13个法网冠军得主。费德勒与纳达尔之间的较量堪称网球历史上最伟大的对决之一，他俩留下了众多经典比赛。随后德约科维奇、穆雷的崛起，四人引领了网球历史上的"黄金年代"。

双打成绩

职业战绩：131胜93负（胜率：58.48%）

冠军头衔：8个

最高排名：24名

大满贯双打成绩

澳网：第三轮（2003年）

法网：第一轮（2000年）

温网：八强（2000年）

美网：第三轮（2002年）

其他大型双打冠军

奥运会：2008年冠军

团体成绩

戴维斯杯：2014年冠军

霍普曼杯：3个冠军（2001年、2018年、2019年）

单打成绩

职业战绩：1251胜275负（胜率：81.98%）

冠军头衔：103个（网球历史第二）

最高排名：世界第一

大满贯单打成绩

澳网：6个冠军（2004年、2006年、2007年、2010年、2017年、2018年）

法网：1个冠军（2009年）

温网：8个冠军（2003年、2004年、2005年、2006年、2007年、2009年、2012年、2017年）

美网：5个冠军（2004年、2005年、2006年、2007年、2008年）

其他大型单打赛事成绩

ATP年终总决赛：6个冠军（2003年、2004年、2006年、2007年、2010年、2011年）

奥运会：2012年亚军

战绩

二十座大满贯奖杯

序号	时间	赛事	决赛对手	比分
1	2003年6月23日	温网	菲利普西斯	7：6、6：2、7：6
2	2004年2月2日	澳网	萨芬	7：6、6：4、6：2
3	2004年7月5日	温网	罗迪克	4：6、7：5、7：6、6：4
4	2004年9月13日	美网	休伊特	6：0、7：6、6：0
5	2005年7月3日	温网	罗迪克	6：2、7：6、6：4
6	2005年9月11日	美网	阿加西	6：3、2：6、7：6、6：1
7	2006年1月29日	澳网	巴格达蒂斯	5：7、7：5、6：0、6：2
8	2006年7月9日	温网	纳达尔	6：0、7：6、6：7、6：3
9	2006年9月10日	美网	罗迪克	6：2、4：6、7：5、6：1
10	2007年1月28日	澳网	冈萨雷斯	7：6、6：4、6：4
11	2007年7月8日	温网	纳达尔	7：6、4：6、7：6、 2：6、6：2
12	2007年9月9日	美网	德约科维奇	7：6、7：6、6：4
13	2008年9月9日	美网	穆雷	6：2、7：5、6：2
14	2009年6月7日	法网	索德林	6：1、7：6、6：4
15	2009年7月5日	温网	罗迪克	5：7、7：6、7：6、 3：6、16：14
16	2010年1月31日	澳网	穆雷	6：3、6：4、7：6
17	2012年7月8日	温网	穆雷	4：6、7：5、6：3、6：4
18	2017年1月29日	澳网	纳达尔	6：4、3：6、6：1、 3：6、6：3
19	2017年7月16日	温网	西里奇	6：3、6：1、6：4
20	2018年1月28日	澳网	西里奇	6：2、6：7、6：3、 3：6、6：1

大师赛冠军

汉堡（4个）：2002年、2004年、2005年、2007年

印第安维尔斯（5个）：2004年、2005年、2006年、2012年、
2017年

罗杰斯杯（2个）：2004年、2006年、

迈阿密（4个）：2005年、2006年、2017年、2019年

辛辛那提（7个）：2005年、2007年、2009年、2010年、2012年、
2014年、2015年

马德里（3个）：2006年、2009年、2012年

巴黎（1个）：2011年

上海（2个）：2014年、2017年

🎾 大满贯

1. 网球历史唯一在两项大满贯赛事均取得五连冠的球员：2003-2007年温网五连冠、2004-2008年美网五连冠

2. 网球历史唯一在两项大满贯赛事均至少连续6年闯进决赛的球员：温网连续7年闯进决赛、美网连续6年闯进决赛

3. 网球历史上唯一获得美网5连冠的球员

4. 网球历史上唯一三次在同一年获得3个大满贯单打冠军的球员

5. 大满贯男子单打连胜纪录达27场

6. 首位连续10次闯进大满贯男单决赛的球员：2005年温网到2007年美网

7. 首位连续两年"年度四大满贯均进入决赛"的球员：2006年、2007年

8. 网球历史上唯一在三项大满贯赛事都夺得五次冠军的男子单打运动员

9. 连续23次闯入大满贯四强：2004年温网到2010年澳网

🎾 世界第一

1. 单打连续排名世界第一周数为237周，排名历史第一位

2. 单打世界排名第一总周数达到310周，排在历史第二位

3. 唯一连续三年（2005-2007年）整年排名第一的男子选手

4. 历史上最年长世界第一（36岁零6个月）

5. 世界排名位于TOP100的周数最高

🎾 ATP年终总决赛/大师杯

1. 从2002-2015年连续14年入围ATP年终总决赛

2. 10次闯进决赛，6次夺冠

3. 在年终总决赛上，费德勒保持着最多的参赛次数、四强次数、决赛次数，以及夺冠次数，此外他还有最多的胜场数纪录（57胜）

大师系列赛

1. 连续29场大师系列赛胜利（2005-2006年），为大师系列赛历史最长连胜纪录

2. 首位夺得全部4站北美洲大师赛男子冠军的非美国球员

3. 首位在全部硬地大师赛均能夺冠的球员

4. 7夺辛辛那提大师赛冠军

连胜纪录

1. 对单打世界排名前十名的选手24连胜：2003年马德里大师赛到2005年澳网

2. 单打草地赛事65场连胜纪录、单打硬地赛事56场连胜纪录

3. 在北美洲赛事中55场连胜纪录

4. 职业生涯单打最长连胜纪录为41连胜

其他纪录

1. 5次获得劳伦斯年度最佳男子运动员

2. 自1982年的伦德尔后，首位连续两年单赛季取得至少80胜的球员

3. 第三位取得职业生涯1000场单打胜利的球员

4. 生涯累积奖金：130594339美元，为ATP历史上第三高

5. 最高个人年度总奖金纪录：11754077美元（2007年），成为第五位单赛季总奖金破千万美元的球员。

劳伦斯世界体育奖

年度最佳男子运动员：2005年、2006年、2007年、2008年、2018年

最佳复出奖：2018年

ATP年度最受球迷欢迎奖：连续19年获奖（2003-2021年）

ATP年度最佳球员：5次获奖（2004-2007年、2009年）

ATP年度最佳复出球员：2017年

ATP阿瑟·阿什人道主义精神奖：2006年、2013年

ATP埃德伯格体育精神奖：13次获奖（2004-2009年、2011-2017年）

瑞士年度最佳男运动员：2003年、2004年、2006年、2007年、2012年、2014年、2017年

2018年美国《网球杂志》评选最伟大的50位球员中的男子第1位

2019年当选《GQ》十年最佳型男

2020年荣膺70年最佳瑞士男运动员奖

二十大对手

第1名　纳达尔

　　费德勒和纳达尔是网坛最伟大的对手之一，是"既生瑜何生亮"的存在，两人的成绩是网坛"GOAT"之称的最大争议。

　　决赛费德勒和纳达尔的对决记录为10∶14，两人共打了9次大满贯决赛：澳网2次，平分秋色；法网4次，纳达尔大获全胜；温网3次，费德勒2胜1负；美网决赛两人从未交手。

　　从2006年开始，世界男子网坛正式进入"费纳决"时代，双方都坚守着自己擅长的领域，"草地之王"费德勒捍卫着温布尔登的荣耀，而"红土之王"纳达尔在罗兰加洛斯寸土不让。"费纳决"是网坛最伟大的对决之一，随着两位老将的迟暮，"费纳决"也成为球迷心中看一场少一场的经典。

第2名 /// 德约科维奇

　　费德勒在对阵德约科维奇的交手记录上以23：27处于下风；对比决赛的交手战绩，费德勒更是以6：14落后于德约科维奇；2014年、2015年温网，"费天王"更是输得没脾气。

　　若论男子网坛历史上最好的一个赛季，2011年和2015年的德约科维奇当仁不让，胜率都超过了90%，但横亘在他前面的永远是2006年的费德勒。

　　2006年是费德勒最巅峰的一个赛季，全年92胜5负，胜率达到94.85%，创造历史单赛季胜场数纪录。整个赛季费德勒17站比赛，进入16个决赛，拿下12个冠军。四大满贯全部进入决赛，拿下其中3座，六进大师赛决赛拿下4座，此外还有年终总决赛冠军。全年费德勒只输给纳达尔和穆雷两个人。

第3名///穆雷

英国人在2012年温网决赛输给费德勒后泪洒现场："我可以像费德勒一样哭泣，但却不能像他一样赢球。"

如果没有费德勒，穆雷应该还可以至少拿3个大满贯；如果没有费德勒，他在自己家的温布尔登后花园赶超"桑神"也未可知。由交战记录来看，穆雷其实不比费德勒差多少，11胜14负，但2008年美网、2010年澳网、2012年温网决赛输球，着实让人扼腕叹息。

第4名 **德尔波特罗**

　　费德勒对阵"大师兄"，18胜7负占据绝对优势，两人职业生涯的6次大满贯交锋中有5次发生在1/4决赛或之后，每一次都不乏精彩。

　　德尔波特罗以无比暴力的正拍立足赛场，而2009年美网决赛击败费德勒的比赛更是让他一举成名。但是，自带"玻璃人"体质的德尔波特罗在随后的职业生涯饱受手腕伤势困扰，让所有人都为这位原本可以取得更大成就的球员叹息不已。

第5名 // 罗迪克

　　费德勒生涯只输给罗迪克3次，而战胜过他21次。罗迪克5次进入大满贯决赛，只有1次拿了冠军，另外4次全都败给费德勒！

　　好在罗迪克心态非常好，在入选网坛名人堂的仪式上回首往昔，仍然对费德勒做出很高的评价："我真的很荣幸和如此优秀的对手交手，不敢相信能看到网球水准一再提升，纪录不断被打破，要感谢费德勒，他把比赛带到了前所未有的高度。"

第6名 //瓦林卡

　　被誉为"为大场面而生的男人"，作为费德勒的瑞士同胞，却永远只能在费德勒的锋芒之下挣扎。在网坛"四巨头"夹缝中求生存的年代，他默默地收获了除温网外的三大满贯。2017年前，他参加的大满贯决赛的夺冠率更是达到了恐怖的100%。如果没有费德勒，他甚至能超越"豌豆公主"辛吉斯，独享瑞士网球历史最佳球员。可惜有了费德勒，他便只能在历史最佳球员后面加上"之一"了。

第7名 //// 达维登科

　　这个有着"劳模"之称的俄罗斯人，已经渐渐淡出人们的视野，但作为20世纪90年代红极一时的球星，费德勒是他逃不过的梦魇。在2009年的年终总决赛，连续输给费德勒12次的达维登科，终于在第13次交手中，三盘艰难战胜了费德勒。虽然达维登科职业生涯只战胜过费德勒两次，但这样球员的存在就是行走的励志代言人，无不激励着其他球员进步努力。

第8名 西里奇

  又是一个在"四巨头时代"求生的球员，10次交手中，西里奇仅战胜过费德勒1次，但那次至关重要，美网半决赛他直落三盘击败费德勒后顺势夺冠，夺得个人目前唯一一座大满贯奖杯。两人在2017年和2018年交手颇多，尤其是在大满贯中，2017年温网决赛，费德勒在决赛直落三盘击败比赛中途脚磨破皮的西里奇，斩获大满贯第19冠。2017年ATP年终总决赛，费德勒再次胜出。目前费德勒和西里奇交手记录为9胜1负。

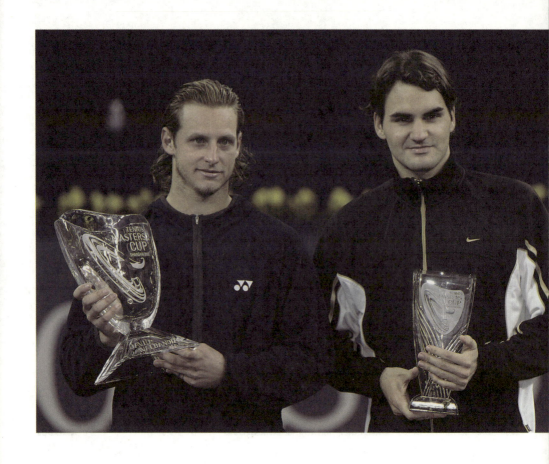

第9名 纳尔班迪安

　　纳尔班迪安是难以解释的天才之谜，在他最好的那几年职业生涯中，他动作干净而准确，在美丽和优雅的诠释上，他也是唯一能和费德勒相提并论的人。

　　他的辉煌是以对费德勒的五连胜开始，在2003年费德勒崛起的时候，他就已经击败过费德勒两次，他一生对费德勒的总战绩是8胜11负——除了BIG4,很少有人能做到这一点。他更是自诩从来不怕费德勒。

第10名 萨芬

　　有人说萨芬要是有德约科维奇一半的自律和勤奋，成就达到阿加西水平应该没问题。有人说他的天赋和其他人不是一个等级的，20岁不到就赢过阿加西、库尔滕、桑普拉斯，可惜他伤病多了点。此外，萨芬觉得网球很无聊，能有两个大满贯、戴维斯杯冠军和世界第一就已经可以了。

　　费德勒和萨芬的历史交战记录为10：2，场次虽不多，但2005年的百年澳网半决赛一战，两人携手为球迷献上一场迄今为止仍让人津津乐道的经典。

第11名 //// 休伊特

　　费德勒与休伊特的重要交锋集中在2004年到2005年，两人在四大满贯的半决赛和决赛中都狭路相逢，很可惜，那两年的费德勒基本无解，因此休伊特鲜尝胜绩。2016年，在网坛沉浮多年的休伊特宣布退役，费德勒与他的交战记录也被定格为18胜9负。

第12名 特松加

　　费德勒对阵法国人的战绩是12胜6负，最近一次交手是2019年的哈雷公开赛1/8决赛，费德勒苦战抢七三盘击败对手晋级。

第13名///伯蒂奇

　　曾经的捷克天才成长为"鸟哥"，再到后来光荣退役，伯蒂奇在费德勒身上栽了不少跟头，从2014年到他退役，就再也没赢过费德勒，连续11次战败收场。费德勒对阵伯蒂奇的战绩是20胜6负。

第14名 /// 亨曼

　　作为70后老将，亨曼战胜费德勒的时期也正是"天王"稚嫩的时候，2004年之后，费德勒再没有失手过一次，战绩为7胜6负。

第15名 /// 戈芬

费德勒对阵90后比利时名将戈芬的战绩是10胜1负，唯一一次败仗是2017年年终总决赛的半决赛，费德勒遭戈芬三盘逆转无缘决赛，结果戈芬在决赛却倒在了另一位90后迪米特罗夫拍下。

第16名 孟菲尔斯

另一位没有占到什么便宜的法国球员，费德勒与他的交手战绩是10胜4负。

第17名 拉奥尼奇

曾经的加拿大新星，跟布沙尔并称为"枫叶国的金童玉女"，可惜依旧是费德勒的手下败将，费德勒与他的交手战绩是11胜3负。

第18名 // 伊斯内尔

一位被打压的85后球员，费德勒与他的交手战绩是8胜2负。

第19名 // 阿加西

一代天王权杖交接，费德勒的崛起正好赶上美国巨星的生涯末期，从2002年开始，阿加西就再也没战胜过费德勒，费德勒与他的的交手战绩被定格在8胜3负。

第20名 锦织圭

　　作为目前亚洲排名最高的男子运动员，费德勒对阵锦织圭的交手战绩是8胜3负。

二十大战役

1 | 权杖交接！温网击败桑普拉斯

2001年温网第四轮的交锋，如今被视作是球王交接棒的重要时刻。19岁的费德勒打出了职业生涯的最佳表现，以7：6（7）、5：7、6：4、6：7（2）、7：5击败7届赛会冠军桑普拉斯，取得了在温网中心球场的首场胜利。

2 | 王朝开启！首夺大满贯冠军

2003年7月7日的温网男单决赛中，赛会5号种子选手、21岁的费德勒以7：6（5）、6：2、7：6（3）击败了"澳洲大炮"菲利普西斯，赢得了自己职业生涯中的第一个大满贯男单冠军。

3 | 逆转罗迪克，卫冕温网冠军

2004年温网，费德勒连斩约翰森、休伊特、格罗斯让等名将，最后的决赛

对阵老对手罗迪克，费德勒在先失一盘的情况下，以4∶6、7∶5、7∶6（3）、6∶4逆转取胜，成功完成卫冕，连续第二年夺得温网冠军。

4 | 纽约封王！首夺美网冠军

2004年美网决赛，费德勒以6∶0、7∶6（3）、6∶0击败了休伊特夺冠，这是费德勒所夺得的第四个大满贯，也是第一次在纽约封王。

5 | 不敌萨芬！连胜纪录遭终结

2005年澳网半决赛，4号种子"俄罗斯沙皇"萨芬在自己25岁的生日这天，经过了长盘决胜制，抓住了自己的第七个赛末点，以5∶7、6∶4、5∶7、7∶6、9∶7战胜了不可一世的头号种子瑞士名将费德勒，终结了他26场的连胜神话，终结了费德勒对世界排名前十位选手的24场连胜纪录，终结了费德勒在澳网的12场连胜纪录。

6 | 硬地35连胜！夺美网第二冠

2005年9月12日美网决赛，费德勒凭借在第三盘抢七局中的关键胜利，最终以总比分6∶3、2∶6、7∶6（1）、6∶1击败35岁老将阿加西，连续第二年捧起了美网冠军奖杯。

7 | 决赛前一盘未失，成就温网四连冠

2006年温网决赛，费德勒6∶0、7∶6（5）、6（2）∶7、6∶3战胜纳达尔收获温网四连冠。

8 | 终结纳达尔红土81连胜

2007年汉堡大师赛决赛，费德勒以2∶6、6∶2、6∶0击败纳达尔，终结了

纳达尔在红土场上的最长连胜——81连胜。

9 | **草地之王！温网五连冠**

2007年温网决赛，"世界第一"费德勒再次遇上了"世界第二"的纳达尔。在经过一场漫长的五盘对决后，费德勒最终以7∶6（7）、4∶6、7∶6（3）、2∶6、6∶2击败了纳达尔，赢得了温网五连冠。

10 | **最伟大决赛！无缘温网六连冠**

2008年温网决赛，在鏖战近五小时之后，纳达尔以6∶4、6∶4、6∶7、6∶7、9∶7战胜费德勒夺冠，职业生涯首次捧起温网金杯。费德勒苦战五盘惜败，无缘史无前例的温网六连冠伟业。那场比赛被誉为"131年历史上最伟大决赛"。

11 | **澳网决赛惜败，"费天王"泪洒现场**

2009年澳网男单决赛，世界排名第一的头号种子、"西班牙天王"纳达尔与赛会三届冠军得主、世界排名第二的"瑞士天王"费德勒展开生涯的第19次交锋，两人上演经典五盘大战，最终纳达尔再度以3∶2的比分胜出，首次夺得澳网男单冠军，五盘比分分别为7∶5、3∶6、7∶6（3）、3∶6、6∶2。赛后费德勒恸哭的画面成为网球史上难以忘却的悲伤。

12 | **圆梦法网！实现"全满贯"伟业**

2009年法网决赛，这是费德勒连续第4年闯入法网决战，但是此前三次他都输给了纳达尔。在2009年费德勒迎来了夺冠的最佳时机——纳达尔被索德林淘汰。进入决赛的费德勒直落三盘击败了对手，以6∶1、7∶6

（1）、6：4取胜，拿到法网冠军之后实现了个人职业生涯全满贯。他也成为公开赛时代第三位和全时代第六位全满贯的得主。

13 | 六度加冕温网，15冠纪录超桑神

2009年温网决赛，经过4小时16分钟的激战之后，费德勒以5：7、7：6（6）、7：6（5）、3：6、16：14力克罗迪克，第六次夺得温网冠军的同时，也终于以15座大满贯冠军打破桑普拉斯的大满贯夺冠数纪录。此外，费德勒还成为继比约·博格和纳达尔后第三位在法网和温网背靠背捧杯的男子球员。

14 | 五盘不敌小德，错失第18冠

2014年温网决赛，头号种子德约科维奇以6：7（7）、6：4、7：6（4）、5：7、6：4逆转七届赛会冠军费德勒，时隔三年再夺温网冠军，这也是德约科维奇生涯第7个大满贯冠军，而落败的费德勒错过了第18个大满贯冠军。

15 | 第18个大满贯冠军！

2017年澳网决赛，这是费德勒的第28个大满贯决赛，纳达尔的第21个大满贯决赛，第35次"费纳对决"，时隔近六年两人再次上演大满贯决赛巅峰对决。费德勒以6：4、3：6、6：1、3：6、6：3的比分击败了纳达尔，斩获个人第5个澳网冠军，大满贯第18冠。

16 | 三盘抢七战，"费天王"惊险取胜

2017年迈阿密大师赛半决赛，费德勒三盘抢七战胜克耶高斯晋级。费德

勒曾挽救了盘点，而克耶高斯也曾挽救了赛点，最终"瑞士天王"以7：6（9）、6：7（9）、7：6（5）的比分惊险取胜。

17 | 史无前例！成就20冠伟业

2018年澳大利亚网球公开赛，36岁的费德勒6：2、6（5）：7、6：3、3：6、6：1击败西里奇成功卫冕澳网，史无前例地赢得第20座大满贯男单冠军。

18 | 费纳背靠背再相遇，"费天王"完美复仇

2019年温网半决赛，费德勒7：6（3）、1：6、6：3、6：4战胜纳达尔。这是继2008年后费纳再次在法网和温网背靠背相遇。半个多月前在法网半决赛遭到横扫的费德勒，这次完成了复仇。首盘比赛，两人都迅速进入状态，鏖战至抢七。不过在抢七中，费德勒占据主动，赢得胜利。

19 | 5小时鏖战憾负，无缘温网第9冠

2019温网男单决赛，世界第一德约科维奇鏖战4小时55分钟，以7：6（5）、1：6、7：6（4）、4：6、13：12（3）战胜2号种子费德勒，赢下了两人之间第48次对决。

20 | 救7赛点大逆转，创胜场新纪录

2020年1月28日，澳网男单1/4决赛，六届赛会冠军费德勒在1：2落后的情况下，在第四盘拯救7个赛点，最终上演大逆转，3：2击败黑马桑德格伦，晋级澳网4强，取得澳网102胜，超越了自己在温网创下的单个赛事最高胜场纪录。

十大必杀技

🎾 正手

费德勒的正手挥拍方式是直臂挥拍，穿透力十足的同时极具美感，因此享有"上帝之手"的美誉。他的正手球路多变，角度大开大合，而且落点很准，速度、落点、旋转三者俱佳，变幻莫测，即便跑动中的正手也能一击致命。在费德勒职业生涯的巅峰时期，极少有人能够与他在正手位展开真正的抗衡。

🎾 反手

费德勒的反手得益于启蒙教练卡特，他是古典单反的拥趸者。可能费德勒的单反不是现役球员中最好的，但是费德勒的单反动作最合理、最具美感。而且费德勒大部分时间在反手都是抽切结合的方式，无形中增加了很多的变化，这也让对手增加了击球时的困难。

发球

费德勒的发球在现役球员中是最难预测的，因为费德勒在发球环节动作是非常隐蔽的，抛球不是很高，动作连贯一气呵成，对手很难知道费德勒要往哪里发，一般都得靠猜，当然这些都是一发，所以费德勒的发球不快，也能经常发出ACE球。

截击

费德勒的截击非常优秀，得益于三点：一是分腿垫步，极大地压缩了自己到网前的时间，非常高效；二是竖立拍头，并不是向后引拍；三是借力发力，而非主动挥拍发力。

上网

费德勒的网前技术，绝对可以称为现役第一的网前，拿克耶高斯做对比，他作为网前比较好的球员，也是非常佩服费德勒的网前技术。首先不管是正手还是反手，费德勒的网前技术都非常稳定；其次就是费德勒的网前球是非常具有威胁的。所以面对费德勒的上网，很多球员心里是很慌的。

胯下击球

胯下击球顾名思义就是将球从两腿之间击出，这样的动作原先不过是一种噱头，成功率极低，但在费德勒的拍下却成为绝招，甚至成为他的"招牌动作"，费德勒的胯下击球的成功率是最高的，无论是击球角度、力度，还是他本人阅读比赛的能力。也正是费德勒的运筹帷幄，面面俱到，才让我们看到他应用自如的胯下击球。

切削

切削，一项在职业比赛中被认作是用于防御、过渡的技术，是费德勒牵制对手强而有力的武器，尤其是反手切削，他在比赛中大量使用。费德勒切削有一明显特点就是引拍更大、更靠上，在肩部上方，这样可以制造更大的拍头加速的空间，同时也更容易捕捉到更高的击球点，为打出进攻性切削做好充分准备。

底线相持

底线相持是对一名球员技术全面性的考验，更是体能的试金石，一场比赛中多拍的相持往往也决定了比赛的观赏性，如果是出现在关键分，观众热烈的氛围会随之达到高潮。费德勒经历了当代网坛技术上重大转折的时代，由发球上网改为底线相持统治了世界。遗憾的是费德勒随着年岁渐长，体能不足使得他在关键分的相持中稳定性下降，这也引出了下面的战术。

SABR战术

SABR（Sneak attack by Roger），直译过来就是"来自罗杰的狡猾攻击"。在2016年美网，费德勒的新战术让人眼前一亮，接发球偷袭上网。SABR不是常规武器，在一场比赛中的使用次数非常有限，但却可以调整比赛节奏，对对手心理施压的作用非常大，可以算是打的一种心理战。当然，这也引起了不小争议，尤其是不尊重对手的呼声越来越大，这也是这个战术近几年销声匿迹的原因吧。

放小球

费德勒的底线小球技术，应该也是现役球员中最好的，手感细腻，质量高。不死盯着底线打，增加变化，对手很难洞悉他的意图，在对手毫无准备的情况下，他猛然向前跑动接小球，会给对手造成相当大的压力。

纳达尔

　　如果没有费德勒，纳达尔无疑是当今网坛最成功的球员，没有之一，坐拥22个大满贯、14个法网冠军，前无古人，后也难有来者，但也正是费德勒的存在，两人的对决——"费纳决"被称为网坛最伟大的对决之一；"GOAT"（历史最佳）的争议从未停止，两个人互相的较量也促成了互相的成就。超强的移动能力、长距离预判能力和相持球能力、良好的体能储备以及每分必争的超强意志，构成了纳达尔独一无二的冠军品格，就连小威廉姆斯也称赞纳达尔："我从来没有见过在每一次抽击中都表现得如此坚韧、如此充满野心、如此充满战斗力和渴望荣耀的人，直到我观看了纳达尔的比赛。"暖暖的笑容、健壮的身材、惊艳的球技、腼腆又有点小风趣的性格，也让他收获了网坛令人艳羡的好人缘。

档案

中文名：拉菲尔·纳达尔　　　　外文名：Rafael Nadal

别名：Rafa、豆子、纳豆、红土之王　　国籍：西班牙

出生地：马洛卡岛马纳科镇　　　　出生日期：1986年6月3日

身高：1.85米　　　　　　　　体重：85千克

专业特点：左手握拍、双手反拍、"纳式"上旋

主要奖项：全满贯（2澳网、14法网、2温网、4美网）

　　　　　金满贯得主

　　　　　北京奥运会男单冠军

　　　　　22座大满贯

主要奖项：劳伦斯世界体育奖最佳男运动员

　　　　　劳伦斯世界体育奖最佳复出运动员

团体成绩

　　　纳达尔曾11次代表西班牙参加戴维斯杯，首次参赛是2004年。西班牙历史上曾六次赢得戴维斯杯冠军，除了2000年之外，纳达尔曾随队在2004年、2008年、2009年、2011年、2019年，五次夺得戴维斯杯冠军。

单打成绩

生涯战绩：1068胜220负（胜率82.92%）

冠军头衔：92个

最高排名：世界第一

冠军分布

赛事级别分类：

大满贯：22个

奥运会：1个

大师赛：36个

其他赛事：33个

COMPETITIO
RESUL

双打成绩

生涯战绩：138胜75负（胜率
64.79%）

最高排名：26

冠军头衔：11个

奥运会：1个

大师赛：3个

其他赛事冠军：7个

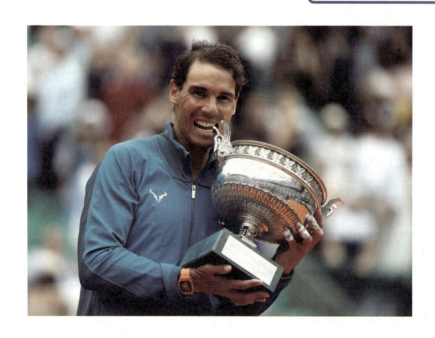

二十二座
大满贯

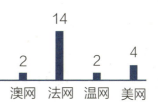

	2	14	2	4
	澳网	法网	温网	美网

年份	比赛	决赛对手	决赛比分
2005年	法网	普埃尔塔	6：7、6：3、6：1、7：5
2006年	法网	费德勒	1：6、6：1、6：4、7：6
2007年	法网	费德勒	6：3、4：6、6：3、6：4
2008年	法网	费德勒	6：1、6：3、6：0
2008年	温网	费德勒	6：4、6：4、6：7、6：7、9：7
2009年	澳网	费德勒	7：5、3：6、7：6、3：6、6：2
2010年	法网	索德林	6：4、6：2、6：4
2010年	温网	伯蒂奇	6：3、7：5、6：4
2010年	美网	德约科维奇	6：4、5：7、6：4、6：2
2011年	法网	费德勒	7：5、7：6、5：7、6：1
2012年	法网	德约科维奇	6：4、6：3、2：6、7：5
2013年	法网	费雷尔	6：3、6：2、6：3
2013年	美网	德约科维奇	6：2、3：6、6：4、6：1
2014年	法网	德约科维奇	3：6、7：5、6：2、6：4
2017年	法网	瓦林卡	6：2、6：3、6：1
2017年	美网	安德森	6：3、6：3、6：4
2018年	法网	蒂姆	6：4、6：3、6：2
2019年	法网	蒂姆	6：3、5：7、6：1、6：1
2019年	美网	梅德韦杰夫	7：5、6：3、5：7、4：6、6：4
2020年	法网	德约科维奇	6：0、6：2、7：5
2022年	澳网	梅德韦杰夫	2：6、6：7、6：4、6：4、7：5
2022年	法网	鲁德	6：3、6：3、6：0

大师赛冠军

蒙特卡洛（11个）：2005年、2006年、2007年、2008年、2009年、
　　　　　　　2010年、2011年、2012年、2016年、2017年、
　　　　　　　2018年

罗马（10个）：2005年、2006年、2007年、2009年、2010年、
　　　　　　2012年、2013年、2018年、2019年、2021年

罗杰斯杯（2个）：2005年、2013年

马德里（5个）：2005年、2010年、2013年、2014年、2017年

印第安维尔斯（3个）：2007年、2009年、2013年

汉堡（1个）：2008年

多伦多（3个）：2008年、2018年、2019年

辛辛那提（1个）：2013年

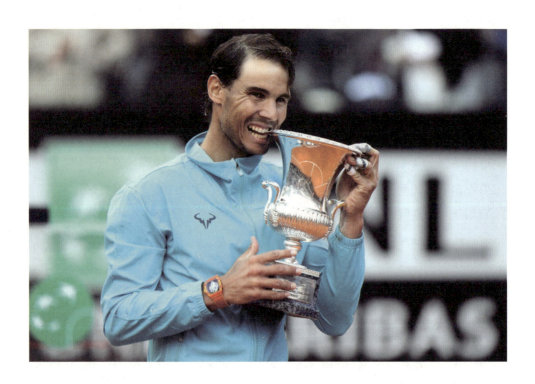

1.大满贯总数22个，位列男子历史第二。

2.法网14次晋级决赛14次夺得冠军，决赛胜率高达100%，是法网夺冠次数最多的球员。

3.法网获得100场胜利，首位法网获胜场次突破三位数的历史第一人。

4.纳达尔在2010-2014年实现了法网5连冠，5连冠也是公开赛年代大满贯最长连冠纪录。

5.连续800+周，纳达尔是排名ATP世界前十时间最长的选手。

6.2005年迈阿密，18岁291天的纳达尔闯进决赛，是现役男子网坛晋级大师赛决赛最年轻纪录。

7.连续16年世界前十、连续10年拿大满贯冠军、连续17年都有冠军进账，纳达尔是历史第一人。

8.纳达尔是首位在ATP500巴塞罗那赛11次夺冠的球员，胜率高达61胜4负。

9.蒙特卡洛11冠王，2005-2012年更是实现了8连冠，成为该站赛事夺冠次数最多的球员，同时12进决赛也是赛会纪录。

10.马德里大师赛第5次夺冠，成为该赛事夺冠次数最多的球员，第8次进入决赛也是赛会历史新纪录。

11.纳达尔坐拥63个红土赛事冠军，历史第一人。

12.纳达尔保持着最长红土连胜纪录——81连胜。

2006年劳伦斯世界体育奖年度最佳新人

2008年欧洲最佳运动员奖

2008年西班牙阿斯图利亚斯王子体育奖

2010年BBC海外球员大奖

2011年劳伦斯世界体育奖年度最佳运动员

2011年萨马兰奇奖

2011年阿瑟·阿什人道主义奖

2014年劳伦斯世界体育奖最佳复出奖

2017年《阿斯报》50周年颁奖典礼最佳男运动员

5次获得ATP埃德博格体育精神奖（2010年、2018年、2019年、2020年、2021年）

2020年马德里最高荣誉奖章"五月二日十字勋章"

个人生活

纳达尔的叔叔米格尔·纳达尔是一位职业足球运动员，曾经是巴塞罗那和西班牙国家队的主力后卫，可纳达尔却是一个忠实的皇马球迷。

纳达尔的另一个叔叔托尼·纳达尔曾经是一位职业网球运动员。正是托尼将三岁的纳达尔引进了网球的世界，从来没有收过纳达尔任何教学上的费用。

纳达尔的妻子是玛利亚·弗朗西斯卡，外号"梅花"，是纳达尔的青梅竹马，两人于2019年10月19日步入婚姻殿堂，结束爱情长跑，目前还没有生育子女。

为表扬纳达尔在网球界的成就以及对西班牙体育的贡献，西班牙马略卡天文台将一颗于2003年5月28日发现的128036号小行星命名为"纳达尔星"，纳达尔成为首位获行星命名的网球选手。

2007年，纳达尔基金会成立，关注于社会工作与发展中的儿童与青少年。他竭力帮助西班牙巴利阿里群岛的居民，或是帮助海外地区的人们。此外，纳达尔曾与西班牙足球运动员卡西利亚斯，举行慈善赛共同支持对抗疟疾。

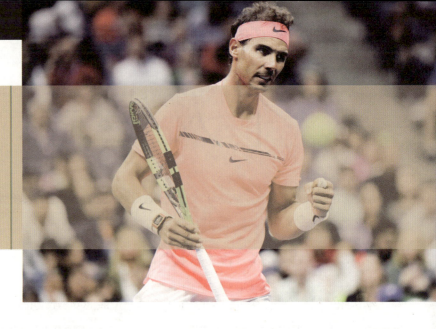

评价

纳达尔在罗兰加洛斯的红土场上，没人能做到他的成就，他简直是从外太空来的人一样。

——库尔滕

一个永远挖掘不尽的天才。

——比利·简·金（WTA创始人）

从他走进赛场那一刻的态度，我就相信这是一种真正的冠军气质。

——小威廉姆斯

纳达尔为整个网球运动都做出了贡献，不仅仅是骄人的成绩，他永不放弃的精神更是激励着观看比赛的每一个人。

——萨马兰奇（奥委会前主席）

纳达尔是红土球场上从未有过的最佳球员，他在红土上的成就没有任何人能超越。

——比约·博格

我从纳达尔那里学到了很多，我享受我们的那些重要对决，从温网到罗兰·加洛斯再到澳网，他也许终将能成为史上最伟大的网球运动员。

——费德勒

纳达尔是个令人感到惊奇的网球运动员，不管身体上或精神上都是我见过最为强悍的人，他和费德勒是这个时代最杰出的网球选手。

——桑普拉斯

1 | 大师赛决赛首次相遇

在2005年迈阿密大师赛决赛之前，费德勒与纳达尔仅仅碰面过一次，就是2004年的迈阿密大师赛，但这一次是两人在ATP大师赛决赛的第一次交手。18岁的纳达尔初出茅庐，费德勒已是三届大满贯冠军，如日中天。但纳达尔连下两城，给费德勒来了一个漂亮的下马威，但姜还是老的辣，费德勒最终以2：6、6：7（4）、7：6（5）、6：3、6：1完成逆转，取得冠军。

2 | 经典五盘大战，赛会被迫改制

2006年罗马网球公开赛决赛，世界排名前两位的费德勒和纳达尔再次狭路相逢。纳达尔跌跌碰碰地取得了最终的胜利，年仅20岁就取得了个人的第16个冠军。两人上演了一场经典的五盘大战，最终纳达尔凭借6：7（0）、7：6（5）、6：4、2：6、7：6（5）的比分夺得冠军。这场耗时5小时5分钟的比赛完全有资格竞争大师赛历史最佳对决。也正是因为那场比赛的五盘决战，促使ATP对大师赛决赛赛制的改革。

3 | 纳达尔红土81连胜遭终结

2007年汉堡大师赛决赛，费德勒以2：6、6：2、6：0击败纳达尔，终结了纳达尔在红土场上的最长连胜——81连胜。

4 | 费德勒成就温网五连霸

2007年温网决赛，世界第一费德勒再次遇上了世界第二的纳达尔。在经过一场漫长的五盘对决后，费德勒最终以7：6（7）、4：6、7：6（3）、2：6、6：2击败纳达尔，赢得温网五连霸。

5 | 131年历史上最伟大决赛

2008年温网决赛，在鏖战近五小时之后，纳达尔以6：4、6：4、6：7、6：7、9：7战胜费德勒夺冠，职业生涯首次捧起温网金杯。费德勒苦战五盘惜败，无缘史无前例的温网六连冠伟业。那场比赛被誉为"131年历史上最伟大决赛"。

6 | "费天王"泪洒澳网赛场

2009年澳网男单决赛：世界排名第一的头号种子、"西班牙天王"纳达尔与赛会三届冠军得主、世界排名第二的"瑞士天王"费德勒展开生涯的第19次交锋，两人上演经典五盘大战，最终纳达尔再度以3：2的大比分胜出，首次夺得澳网男单冠军，五盘比分分别为7：5、3：6、7：6（3）、3：6、6：2。赛后"费天王"恸哭的画面成网球史上难以忘却的悲伤。

7 | 费德勒6次大满贯决赛不敌纳达尔

2011年的法网决赛是他们继2009年澳网决赛以来又一次在大满贯决赛中交手，纳达尔毫无悬念地以7：5、7：6（3）、5：7、6：1第17次击败费德勒，收获个人的第10座大满贯冠军，守住了世界第一的宝座。加上这场失利，费德勒已经第6次在与纳达尔的大满贯决赛中落败。

8 | 费、纳终极对决，德约加冕澳网

2012年澳网半决赛，被誉为"决赛提前上演"，尽管费德勒表现得十分顽强，但依旧以7：6（5）、2：6、6：7（5）和4：6遭纳达尔强势逆转，被挡在澳网决赛门外，但闯进决赛的纳达尔最终败在了德约科维奇拍下，无缘捧杯。

9 | 费德勒夺生涯第18个大满贯

2017年澳网决赛，这是费德勒的第28个大满贯决赛，纳达尔的第21个大满贯决赛，费、纳的第35次对决，时隔近六年两人再次上演大满贯决赛巅峰对决。费德勒以6：4、3：6、6：1、3：6、6：3的比分击败了纳达尔，斩获个人第5个澳网冠军，大满贯第18冠。

10 | 费德勒完美复仇

2019年温网半决赛，费德勒7：6（3）、1：6、6：3、6：4战胜纳达尔。这是继2008年后费纳再次在法网和温网背靠背相遇。半个多月前在法网半决赛遭到横扫的费德勒，这次完成了复仇。首盘比赛，两人都迅速进入状态，鏖战至抢七。不过在抢七中，费德勒占据主动，取得比分上的领先。

德约科维奇

  德约科维奇是最被球迷和专家看好日后超越费德勒、纳达尔，并且能够在网坛独挑大梁的球员。2021年初，世界还被笼罩在疫情的阴影中没有恢复过来，德约科维奇就已经开始高奏凯歌，开疆拓土。2月21日，他在澳网以大比分3：0横扫95后新星梅德韦杰夫夺冠，成为前无古人的澳网九冠王，大满贯冠军总数提升到18个，仅次于费德勒、纳达尔的20个。同年3月，他排名世界第一的总周数来到311周，一举超越费德勒保持的310周的纪录，成为ATP引入世界排名系统以来位列世界第一周数最长的球员。

  出生在塞尔维亚的德约科维奇是在炮火中长大的，15岁正式成为职业选手，三年后收获第一个ATP冠军，2007年进入世界前十，2008年收获大满贯，2011年拿下三个大满贯、登顶世界第一……

  德约科维奇的职业生涯也并非一帆风顺，关于他的争议场外比场内要多得多。2016年的"冥想悬案"让他下半年的成绩跌入谷底。2020年更是多事之秋：他先

档案

中文名：诺瓦克·德约科维奇　　　　外文名：Novak Djokovic

别名：Nole、Djoker、小德、闹来　　国籍：塞尔维亚

出生地：贝尔格莱德　　　　　　　出生日期：1987年5月22日

身高：1.88米　　　　　　　　　体重：80千克

专业特点：右手、双手反拍

主要奖项：24个大满贯冠军

7个ATP年终总决赛冠军

全满贯（10个澳网、7个温网、

4个美网、3个法网）

"金大师"得主

是举办表演赛防疫不到位，导致球员确诊；美网误伤司线被直接判负；成立球员工会，与ATP关系降至冰点……

　　但就从成绩来看，以德约科维奇目前的竞技状态，大部分人都看好他能超越费德勒和纳达尔，成为男子网坛大满贯总数最多的运动员。

　　费德勒曾经盛赞德约科维奇："我很享受和他的比赛，我们能激发对方发挥出最佳水平。我们的技术风格差异很大，所以谁能胜出很大程度上取决于比赛那天的状态、场地，还有之前几场比赛的表现。和最强的球员比赛，你必须拿出最佳状态，尤其是对阵德约科维奇，他甚至可以进入一球都不丢的境界。德约科维奇防守强悍，又充满攻击力，而且平衡能力超群，这也是为什么他可以成为最好的球员之一。我非常享受和他比赛，他让我成为更好的球员。巡回赛里有他的身影真是太棒了。"

战绩

团体成绩

2010年戴维斯杯冠军				
时间	地点	场地类型	搭档	决赛对手
2010年12月3-5日	贝尔格莱德	室内硬地	泽蒙季奇、蒂普萨勒维奇、特洛伊基	法国

COMPETITIO

RESUL

单打成绩

生涯战绩：1087胜213负（胜率83.62%）

冠军头衔：98个

最高排名：世界第一

冠军分布

赛事级别分类：

大满贯：24个

年终总决赛：7个

大师赛：40个

其他赛事：27个

双打成绩

生涯战绩：63胜80负（胜率44.06%）

最高排名：114

冠军头衔：1个

大满贯
冠军

澳网 10
法网 3
温网 7
美网 4

年份	比赛	决赛对手	决赛比分
2008年	澳网	特松加	4：6、6：4、6：3、7：6
2011年	澳网	穆雷	6：4、6：2、6：3
2011年	温网	纳达尔	6：4、6：1、1：6、6：3
2011年	美网	纳达尔	6：1、6：3、6：0
2012年	澳网	纳达尔	5：7、6：4、6：2、6：7、7：5
2013年	澳网	穆雷	6：7、7：6、6：3、6：2
2014年	温网	费德勒	6：7、6：4、7：6、5：7、6：4
2015年	澳网	穆雷	7：6、6：7、6：3、6：0
2015年	温网	费德勒	7：6、6：7、6：4、6：3
2015年	美网	费德勒	6：4、5：7、6：4、6：4
2016年	澳网	穆雷	6：1、7：5、7：6
2016年	法网	穆雷	3：6、6：1、6：2、6：4
2018年	温网	安德森	6：2、6：2、7：6
2018年	美网	德尔波特罗	6：3、7：6、6：3
2019年	澳网	纳达尔	6：3、6：2、6：3
2019年	温网	费德勒	7：6、1：6、7：6、4：6、13：12
2020年	澳网	蒂姆	6：4、4：6、2：6、6：3、6：4
2021年	澳网	梅德韦杰夫	7：5、6：2、6：2

2021年	法网	齐齐帕斯	6：7、2：6、6：3、6：2、6：4
2021年	温网	贝雷蒂尼	6：7、6：4、6：4、6：3
2022年	温网	克耶高斯	4：6、6：3、6：4、7：6
2023年	澳网	齐齐帕斯	6：3、7：6、7：6
2023年	法网	鲁德	7：6、6：3、7：5
2023年	温网	梅德韦杰夫	6：3、7：6、6：3

大师赛冠军

迈阿密（6个）：2007年、2011年、2012年、2014年、2015年、2016年

罗杰斯杯（4个）：2007年、2011年、2012年、2016年

罗马（6个）：2008年、2011年、2014年、2015年、2020年、2022年

印第安维尔斯（5个）：2008年、2011年、2014年、2015年、2016年

巴黎（7个）：2009年、2013年、2014年、2015年、2019年、2021年、2023年

马德里（3个）：2011年、2016年、2019年

上海（4个）：2012年、2013年、2015年、2018年

蒙特卡洛（2个）：2013年、2015年

辛辛那提（3个）：2018年、2020年、2023年

ATP年终总决赛

年份	比赛	场地	决赛对手（国籍）	决赛比分
2008年	上海	室内硬地	达维登科（俄罗斯）	6：1、7：5
2012年	伦敦	室内硬地	费德勒（瑞士）	7：6、7：5
2013年	伦敦	室内硬地	纳达尔（西班牙）	6：3、6：4
2014年	伦敦	室内硬地	费德勒（瑞士）	对手退赛
2015年	伦敦	室内硬地	费德勒（瑞士）	6：3、6：4
2022年	都灵	室内硬地	鲁德（挪威）	7：5、6：4
2023年	都灵	室内硬地	辛纳（意大利）	6：3、6：3

生涯纪录

1.世界第一的周数311周，是位列世界第一周数最长的球员

2.公开赛时代首位澳网十冠王（2008年、2011年、2012年、2013年、2015年、2016年、2019年、2020年、2021年、2023年）

3.2007年法网到2008年澳网，是连续打进四大满贯四强的最年轻球员（20岁零250天）

4.拥有大师赛冠军数量最多的球员（36个）

5.公开赛时代大满贯连胜场数最多（30场）

6.自1990年ATP设立大师赛以来，集齐全部男子9站大师系列赛的冠军，达成"金大师"伟业

7.2012年到2015年，ATP年终总决赛四连冠

8.8次年终排名第一，独居历史第一

9.2012年澳网决赛，与纳达尔奉献了耗时最长的大满贯单打决赛（5小时53分钟）

10.对阵四巨头其他三人交手记录全部占优

4次劳伦斯世界体育奖最佳男运动员奖

（2012年、2015年、2016年、2019年）

2007年塞尔维亚奥委会年度最佳男运动员

2011年巴尔干年度最佳运动员

2011年国际体育记者协会年度最佳运动员

2011-2012年ATP年度最佳球员

2012年阿瑟·阿什人道主义奖

2012年ESPY年度最佳男子网球运动员

2013年塞尔维亚奥委会年度最佳男运动员

2019年塞尔维亚年度最佳男运动员

2021年ATP年度最佳单打球员奖

个人生活

德约科维奇出生在一个有体育传统的家庭，他的父亲和叔叔都曾是南斯拉夫的滑雪运动员。德约科维奇还有两个弟弟，二弟马克·德约科维奇曾经是一位网球选手，如今已退役；三弟乔尔杰·德约科维奇也是一名网球选手，曾搭档德约科维奇征战巡回赛双打。

2014年4月25日，德约科维奇通过其个人社交媒体宣布未婚妻伊莲娜怀孕。7月，德约科维奇在黑山与交往9年的伊莲娜举行婚礼。

2014年10月21日，德约科维奇的妻子伊莲娜顺利产下一子，他为儿子取名史蒂芬（Stefan）。2017年9月2日，伊莲娜顺利诞下他们的女儿，取名塔拉(Tara)。

德约科维奇外向、爱搞怪，加上会讲多国语言，他成为娱乐脱口秀节目的常客。他经常在球场上或私底下模仿网坛众球星，包括莎拉波娃、纳达尔、李娜、小威廉姆斯等网坛名宿。

德约科维奇是意甲球队AC米兰队的忠实球迷，他曾多次前往AC米兰俱乐部参观，并现场观看比赛，且与俱乐部官员及队中众多球星的关系不错，伊布拉希莫维奇是他最喜欢的足球运动员。

德约科维奇于2007年成立个人基金会，名为"诺瓦克·德约科维奇基金会"，主要致力于帮助儿童健康成长以及儿童的学前教育。德约科维奇曾经说过自己成长于一个战火纷飞的国度，因此周遭的小孩并不敢奢望梦想什么。他希望能通过一己之力帮助需要帮助的人。另外，他也是联合国儿童基金会大使。

评价

如果让我选出来一位有史以来最伟大的网球运动员，我会毫不犹豫说出德约科维奇的名字。

——费德勒

我喜欢跟德约科维奇比赛，他是史上最棒的球员之一，要击败他你可能需要连续四五个小时都拿出最好的生理和心理状态。

——梅德韦杰夫

德约科维奇在比赛中没有弱点，他所取得的成就凤毛麟角，我想在今后很长一段时间都很难再看到。

——穆雷

对阵像德约科维奇这样的对手，我需要做好防守，才能有机会去进攻，一个100%状态的我也未必能打得过他。

——纳达尔

德约科维奇是一个现象级球员，他儿时生活艰难，但从未放弃自己的网球梦想，他的人生故事非常励志。

——马拉多纳

德费

十大战役

1 | 德约科维奇美网首胜费德勒

2007-2009年，费德勒与德约科维奇连续三年在美网男单赛场相遇，费德勒取得了其中三次交手的全部胜利。2010年美网男单半决赛，这是德约科维奇首次在美网赛场战胜费德勒，双方上演了五盘大战，费德勒在决胜盘一度拥有2个赛点，但是却被顽强的德约科维奇逆转过关，最终以5：7、6：1、5：7、6：2、7：5战胜曾经美网五连冠的费德勒晋级，遗憾的是，决赛他输给了纳达尔，没能如愿捧杯。

2 | 费德勒终结"德约"疯狂41连胜

2011年是德约科维奇的爆发年，澳网继2008年之后再次夺冠，之后连战连捷，无人能挡，甚至在两站红土大师赛决赛双杀纳达尔。费德勒在年初夺得多哈站冠军后，陷入冠军荒，对德约科维奇已经3连败。但是费德勒不会认命，最终以7：6（5）、6：3、3：6、7：6（5），双抢七大比分3：1战胜德约科维奇晋级，终结了德约科维奇41场疯狂连胜的纪录，证明自己的实力依然是顶尖。遗憾的是，决赛他依旧倒在了老对手纳达尔的拍下，收获了法网第四个亚军。

3 | 德约大逆转，首夺美网冠军

2011年美网男单半决赛，费德勒在比赛中浪费赛点的一幕再次重演，只是这一次他是在自己的发球局连续错失了两次终结比赛的机会。德约科维奇在先丢两盘、决胜盘甚至3：5落后的情况下挽救了2个赛点，最终连扳三盘以6：7（7）、4：6、6：3、6：2、7：5大逆转费德勒，和去年一样逃过2个赛点死里逃生般地杀入了最后的决赛，这也是德约科维奇第三次杀入美网冠军争夺战，这一次他没有让冠军旁落，生涯首度捧起美网奖杯。

4 | 费德勒力压"德约"斩获温网7冠

2012年7月6日，温网男单半决赛，赛会3号种子费德勒展现出了"草地之王"的本色，四盘大战最终以6：3、3：6、6：4、6：3力压卫冕冠军、世界第一德约科维奇，创纪录地第8次杀进温网决赛，并最终在决赛战胜穆雷捧杯，勇夺个人第7座温网冠军奖杯，追平了"老球王"桑普拉斯的终极纪录。

5 | "德约"时隔4年再度捧杯，费德勒错失第7冠

2012年，德约科维奇和费德勒的表现不分伯仲。德约科维奇时任当时的世界第一，赛季战绩为74胜12负，收获了包括澳网、中网、上海大师赛在内的五个冠军。费德勒为世界第二，赛季战绩71胜11负，拿到了包括温网在内的八个冠军。两人在ATP年终总决赛的最终较量中，头号种子德约科维奇苦战2小时14分钟，以7：6（6）、7：5击败费德勒，时隔四年再度夺冠，而费德勒错失了第7个冠军。

6 | 费德勒遗憾落败，无缘18冠

2014年温网决赛，头号种子德约科维奇以6：7（7）、6：4、7：6（4）、5：7、6：4逆转七届赛会冠军费德勒，时隔三年再夺温网冠军，这也是德约科维奇生涯第7个大满贯冠军，而落败的费德勒错过了第18个大满贯冠军。

7 | "德约"力克"草地之王"，三度赢得温网

2015年温布尔登男单巅峰对决，头号种子德约科维奇和2号种子费德勒连续第二年相遇。卫冕冠军德约科维奇虽然在第二盘错失七个盘点告负，但最终他以7：6（1）、6：7（10）、6：4、6：3击败曾七次夺冠的费德勒，职业生涯第三次赢得挑战者金杯，同时是生涯第9个大满贯冠军，超越了阿加西和伦

德尔等名宿，位列史上第八。

8 ｜ "德约"力擒费德勒，时隔四年再夺美网

2015年美国网球公开赛男单决赛，世界排名第一的德约科维奇以6：4、5：7、6：4、6：4击败了"瑞士天王"费德勒，继同年温网之后，连续两个大满贯决赛"双杀"费德勒，时隔四年后再度夺得该项赛事的冠军。这也是德约科维奇个人第10座大满贯奖杯。

9 ｜ "德约""三杀"费德勒，年终完美收官

2015年又是一个"德约年"，他的单打总战绩为82胜6负，人们经常拿德约科维奇的2015年跟费德勒的2006年相提并论。费德勒和德约科维奇共交手8次，费德勒取得3胜5负的战绩，其中7次发生在决赛，费德勒2胜5负，唯一一场非决赛是年终总决赛的小组赛，费德勒获胜。2015年伦敦年终总决赛，德约科维奇没有费多少力气，以6：3、6：4完胜费德勒夺冠，为自己的疯狂赛季画上了圆满的句号。

10 ｜ 费德勒五盘憾负"德约"，无缘温网9冠纪录

2019温网男单决赛，世界第一德约科维奇鏖战4小时55分钟，以7：6（5）、1：6、7：6（4）、4：6、13：12战胜2号种子费德勒，赢下了两人之间第48次对决。

穆雷

　　网球界"BIG4"的说法已经超过10年了，但穆雷仿佛已经"渐行渐远"，甚至在他身处其中的时候，也被称为是存在感最低的。早些时候，年轻的穆雷还没有大满贯冠军头衔，但是凭借大满贯四强、亚军和大师赛多次夺冠的稳定成绩，他依然被称为"BIG4"之一。直到2012年穆雷在美网加冕，"BIG4"才似乎正式完成最后的拼图。但单从大满贯冠军的数量上来看，穆雷确实无法与"费、纳、德"争"四巨头"的名分，"费、纳、德"如今大满贯数是20、22、24这样的惊人数字，到穆雷这只有3个大满贯，断崖式下跌，和瓦林卡并驾齐驱。

　　但在全面性和稳定性上，穆雷要远远拉开同时代其他球员。在世界排名上，穆雷在2016年登上了年终世界第一，解锁夺得大满贯且登上年终第一这一重要成就。最重要的是从2008年到2016年，穆雷连续9

年排名年终前六，其中8年排名年终前四，展现了惊人的稳定性，这完全是与"费、纳、德"同一级别。而在大满贯决赛次数上，穆雷总共有11次，其他同时代球员没有超过5次的，他在四大满贯全部进入决赛，穆雷还是"全满亚"球员，有5个澳网亚军、1个法网亚军、1个温网亚军和1个美网亚军，21次至少打进大满贯男单四强。历数上面这些成绩，我们不难看出，穆雷的网球运动生涯应该说是非常成功的，位列"BIG4"也算实至名归。

值得一提的是，穆雷有一个"费、纳、德"三人望尘莫及的成就，那就是他曾在2012年伦敦奥运会和2016年里约奥运会背靠背夺得男单金牌，成为卫冕奥运会男子网球的第一人。

2019年澳网赛前发布会，穆雷含泪宣布因髋关节伤病困扰可能将于温网之后退役，澳网首轮他五盘惜败给西班牙人阿古特出局，之后术后复出，成绩跌入谷底，世界男子网坛似乎已是"三巨头"的天下，但即便在其职业生涯结束之前无法拉近与其他三人的距离，他依然在世界网球史上书写了浓重的一笔。

档案

中文名：安迪·穆雷	外文名：Andy Murray
国籍：英国	出生地：英国苏格兰邓布兰
身高：1.91米	体重：84.1千克
出生日期：1987年5月15日	
专业特点：右手握拍、双手反拍	
主要奖项：3个大满贯冠军	
2012年、2016年奥运会网球男单冠军	

COMPETITION RESULTS

生涯战绩：733胜250负（胜率74.57%）

冠军头衔：46个

最高排名：世界第一

冠军分布

大满贯：3个

年终总决赛：1个

大师赛：14个

奥运会：2个

其他赛事：26个

大满贯
冠军

温网　美网

年份	比赛	场地	决赛对手	决赛比分
2012年	美网	硬地	德约科维奇	7：6、7：5、2：6、3：6、6：2
2013年	温网	草地	德约科维奇	6：4、7：5、6：4
2016年	温网	草地	拉奥尼奇	6：4、7：6、7：6

ATP年终总决赛

年份	比赛	场地	决赛对手	决赛比分
2016年	伦敦	室内硬地	德约科维奇	6：3、6：4

戴维斯杯

时间	地点	场地类型	搭档	决赛对手	比分
2010年11月27-29日	根特	红土	埃德蒙德、杰米·穆雷	比利时	3：1

大师赛冠军

年份	比赛	场地	决赛对手	决赛比分
2016年	巴黎	室内硬地	伊斯内尔	6：3、6：7、6：4
2016年	上海	硬地	阿古特	7：6、6：1
2016年	罗马	红土	德约科维奇	6：3、6：3
2015年	罗杰斯杯	硬地	德约科维奇	6：4、4：6、6：3
2015年	马德里	红土	纳达尔	6：3、6：2
2013年	迈阿密	硬地	费雷尔	2：6、6：4、7：6
2011年	上海	硬地	费雷尔	7：5、6：4
2011年	辛辛那提	硬地	德约科维奇	6：4、3：0（退赛）
2010年	上海	硬地	费德勒	6：3、6：2
2010年	罗杰斯杯	硬地	费德勒	7：5、7：5
2009年	罗杰斯杯	硬地	德尔波特罗	6：7、7：6、6：1
2009年	迈阿密	硬地	德约科维奇	6：2、7：5
2008年	马德里	红土	西蒙	6：4、7：6
2008年	辛辛那提	硬地	德约科维奇	7：6、7：6

奥运会上连续获得金牌数量最多的网球男单选手：在2012年伦敦奥运会上，英国网球超级巨星穆雷在家门口赢得了一枚宝贵的奥运男单金牌；在2016年，他又将个人第二枚奥运男单金牌收入囊中，成为奥运会历史上首位蝉联网球单人项目冠军的球员。

2019年ATP年度最佳复出奖

2013年获得大英帝国勋章

2013年劳伦斯世界体育奖最佳突破奖

2004年度最佳BBC青年运动员奖

个人生活

穆雷的母亲是曾经的网球选手、苏格兰冠军朱迪，她代表苏格兰参加过1981年的世界大学生运动会。哥哥杰米·穆雷是网球双打好手，双打排名曾登顶过世界第一。

穆雷的妻子希尔斯也出身网球世家，她的父亲奈杰·西尔斯曾是汉图楚娃的教练。两人在2005年美网相识，2015年4月在苏格兰邓布兰的一座教堂举行了婚礼。

穆雷和希尔斯的第一个孩子出生在2016年，在5年时间里两人总共生下4个孩子，穆雷的前两个孩子都是女儿，第三个孩子是一个男孩，出生在2019年11月，第四个孩子出生在2021年3月，目前性别并未透露，球迷戏称追平费德勒。

16岁时穆雷被诊断出患有先天性髌骨分裂症。大多数人的膝盖骨都是单独一块软骨骨化形成的，但在极少数情况下，膝盖骨由两块骨头组成，仅依靠纤维组织连合在一起。穆雷比赛时经常因剧痛而握住膝盖，也因此退出过比赛。

评价

穆雷是最让我头疼、最难战胜的对手，他是一名伟大的球员，当他赢得大满贯和奥运会冠军时，我为他感到高兴。

——费德勒

穆雷的真实生活表明他真是一个惊人的战士，在经历了所有事情以及所有的恢复和准备后，在整个赛季中努力治愈和参加几场比赛之后，他仍然没有放弃。直到他经历了所有事情之后，他的职业生涯仍旧得到家人和亲人的支持，这确实令人印象深刻且令人振奋。

——德约科维奇

每次和穆雷待在一起，我都会感到非常舒服。他是个非常有趣的人，更重要的是他完全不把自己当回事，他没有任何架子。他是网球这项运动的传奇人物，但他却是如此友好、谦虚、脚踏实地，在他之前我从未见过和他一样的人。

——克耶高斯

穆雷的职业生涯堪称伟大，他长期以来一直是顶尖选手中的一员，是一名伟大的对手。

——纳达尔

穆费
十大战役

1 | 横空出世，击败巅峰费德勒

2006年辛辛那提大师赛第二轮，年仅19岁的穆雷以7：5、6：4力克"瑞士天王"费德勒晋级，要知道恐怖如斯的2006年费德勒，在那个赛季17次参赛16次打进决赛，唯一的例外就是辛辛那提大师赛。

2 | 穆雷首进世界前四，"四巨头"正式成形

2008年美网决赛，费德勒以6：2、7：5、6：2干净利落地击败了首次晋级大满贯决赛的穆雷。从巅峰滑落的2008年，这个美网冠军也被认为是费德勒的"最大救赎"。首次闯进大满贯决赛的穆雷虽然失利，但在美网后，他的排名成功上升到了第四位。自此"四巨头"正式成形，在随后两年多的时间里，费、纳、德、穆四人一直牢牢占据世界前四，此后的多年里，"四巨头"也包揽了绝大多数大满贯和大师赛的决赛席位。

3 | 穆雷艰难抢七逆转费德勒

　　2008年上海大师杯小组赛，穆雷在先输一盘的情况下，以4：6、7：6（3）、7：5强势逆转费德勒。当年赛前费德勒就受到背伤困扰，虽然不影响小组赛出线结果，但穆雷豪言自己不会"放水"，结果他与费德勒激战三盘，最终拖垮了"瑞士天王"。这令费德勒第一次未能从大师赛小组赛出线，体力耗尽的穆雷则在第二天的半决赛中脆败。

4 | "天王克星"！穆雷四连胜费德勒

2009年印第安威尔斯大师赛半决赛，穆雷以6：3、4：6、6：1力克费德勒晋级决赛，当时穆雷已经取得了对费德勒的四连胜，再算上年初的阿布扎比表演赛，当时他绝对是费德勒的"克星"。

5 | 费德勒大满贯决赛"双杀"穆雷

2009年的费德勒泪洒墨尔本，2010年的穆雷同样流下了失望的泪水。2010年澳网决赛，费德勒以6：3、6：4、7：6（11）力克穆雷夺冠，穆雷在1/4决赛强势淘汰了纳达尔，不过决赛却未能充分发挥水平，连续两个大满贯单打决赛被费德勒压制。

6 | 穆雷连续击败费纳夺冠

2010年罗杰斯杯决赛，穆雷以7：5、7：5击败费德勒夺冠，这是他首次完成在一项赛事中连续击败纳达尔和费德勒并夺冠。

7 | 穆雷泪洒温网，留下经典名言

2012年温网决赛，费德勒在先输一盘的情况下，连扳三盘，最终以4：6、7：5、6：3、6：4击败首次杀进温网决赛的穆雷，勇夺个人第7座温网冠军奖杯，追平了桑普拉斯的终极纪录。这同时也是费德勒职业生涯的第17个大满贯头衔。穆雷在颁奖典礼泪洒现场，并留下了经典名言："我可以像费德勒一样哭泣，却不能像他一样赢球。"

8 | 费德勒"金满贯"梦碎

2012年伦敦奥运会男单决赛，穆雷直落三盘以6：2、6：1、6：4完胜费德勒，成为继1908年伦敦奥运会夺得男单金牌的里奇之后，第二位赢得奥运网球男单冠军的英国选手，而落败的费德勒则遗憾错失成为继阿加西、纳达尔后男子网坛第三位完成"金满贯"荣耀选手的机会。四年一次的奥运主场和每年四次的大满贯不可同日而语，穆雷曾多次表示如果重来，也不会用金牌去换大满贯。

9 | 史诗级梦幻对决，穆雷艰难晋级

2013年澳网半决赛，2号种子费德勒和3号种子穆雷上演了"梦幻对决"，全场发出21记ACE的穆雷克服了第四盘葬送发球胜赛局的心理波动，最终在五盘大战中以6：4、6：7（5）、6：3、6：7（2）、6：2力克费德勒，继2012年温网和美网后连续杀入第三项大满贯男单决赛，全场比赛耗时4小时。

10 | 费德勒淘汰穆雷，决赛惜败"德约"

2015温网男单半决赛，费德勒直落三盘，以7：5、7：5、6：4淘汰发挥并不差的穆雷，职业生涯第10次杀入温网男单决赛，可惜在决赛中惜败德约科维奇，成就了后者第三个挑战者金杯。

技术特点

费德勒 早年是一位发球上网型球员，而现在是全面型球员的代表，被公认为是能适应任何场地、任何比赛节奏、任何类型对手的球员。他具有良好的底线相持、预判、接发球、上网等打法技术，并且拥有协调性、平衡感、心理素质高的特点。所以费德勒在草地、硬地、红土均取得不俗的战绩，创造温网和美网的五连冠纪录，拿到一届法网冠军以及四届法网亚军。

纳达尔 是一名防御型、底线型球员，他的运动能力和速度，让他的防御能力相当强大，持续压迫对手，迫使对方失误，常常能在防守中反击，打出制胜球。他擅于利用强而有力的上旋球、快速移动的脚步和坚强的意志力，并且精于放小球。

德约科维奇 是较偏重于底线攻击打法的球员，他最大的优势是抽球、发球和防守能力。尤其是发球，这是他的主要武器之一。德约科维奇球速快，一发是典型的平击球，但他的二发常运用切球，他发球前有一致的节奏，隐蔽性很高的反拍下旋小球，借此赢得了许多轻松的分数。

穆雷 的强劲抽球极具爆发力，是双手反拍的代表人物之一。作为传统的底线防守型球员，穆雷的底线来回抽球不但具有攻击力且失误少，对来球的预判和反应能力相当高。他能通过球速实现攻防自由转换，因此能在底线防守的同时击出制胜分。

年份	澳网冠军	法网冠军	温网冠军	美网冠军
2003年	阿加西	费雷罗	费德勒	罗迪克
2004年	费德勒	高迪奥	费德勒	费德勒
2005年	萨芬	纳达尔	费德勒	费德勒
2006年	费德勒	纳达尔	费德勒	费德勒
2007年	费德勒	纳达尔	费德勒	费德勒
2008年	德约科维奇	纳达尔	纳达尔	费德勒
2009年	纳达尔	费德勒	费德勒	德尔波特罗
2010年	费德勒	纳达尔	纳达尔	纳达尔
2011年	德约科维奇	纳达尔	德约科维奇	德约科维奇
2012年	德约科维奇	纳达尔	费德勒	穆雷
2013年	德约科维奇	纳达尔	穆雷	纳达尔
2014年	瓦林卡	纳达尔	德约科维奇	西里奇
2015年	德约科维奇	瓦林卡	德约科维奇	德约科维奇
2016年	德约科维奇	德约科维奇	穆雷	瓦林卡
2017年	费德勒	纳达尔	费德勒	纳达尔
2018年	费德勒	纳达尔	德约科维奇	德约科维奇
2019年	德约科维奇	纳达尔	德约科维奇	纳达尔
2020年	德约科维奇	纳达尔	取消	蒂姆
2021年	德约科维奇	德约科维奇	德约科维奇	梅德韦杰夫
2022年	纳达尔	纳达尔	德约科维奇	阿尔卡拉斯

生涯顶级赛事单打冠军

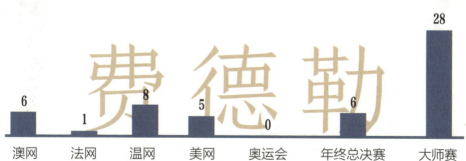

费德勒

澳网	法网	温网	美网	奥运会	年终总决赛	大师赛
6	1	8	5	0	6	28

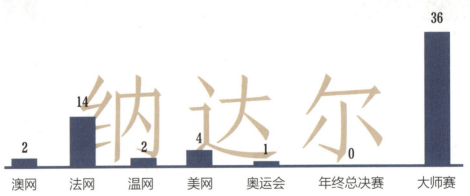

澳网	法网	温网	美网	奥运会	年终总决赛	大师赛
2	14	2	4	1	0	36

纳达尔

德约科维奇

澳网	法网	温网	美网	奥运会	年终总决赛	大师赛
10	3	7	4	0	7	40

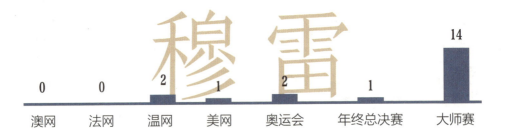

穆 雷

澳网	法网	温网	美网	奥运会	年终总决赛	大师赛
0	0	2	1	2	1	14

年份	费德勒	纳达尔	德约科维奇	穆雷
1998年	301	/	/	/
1999年	64	/	/	/
2000年	29	/	/	/
2001年	13	811	/	/
2002年	6	200	/	/
2003年	2	49	679	540
2004年	1	51	186	411
2005年	1	2	78	64
2006年	1	2	16	17
2007年	1	2	3	11
2008年	2	1	3	4
2009年	1	2	3	4
2010年	2	1	3	4
2011年	3	2	1	4
2012年	2	4	1	3
2013年	6	1	2	4
2014年	2	3	1	6
2015年	3	5	1	2
2016年	16	9	2	1
2017年	2	1	12	16
2018年	3	2	1	240
2019年	3	1	2	125
2020年	5	2	1	122
2021年	16	6	1	134
2022年	/	2	5	49
2023年	/	664	1	42

ATP
单打年终排名

图书在版编目（CIP）数据

励志名人传之网球天王 / 梁毅志编著 . -- 北京：北京时代华文书局 , 2023.12
ISBN 978-7-5699-5113-4

Ⅰ.①励… Ⅱ.①梁… Ⅲ.①罗杰·费德勒—事迹 Ⅳ.①K835.225.47

中国国家版本馆 CIP 数据核字 (2023) 第 240444 号

LIZHI MINGREN ZHUAN ZHI WANGQIU TIANWANG

出 版 人：陈　涛
选题策划：董振伟　直笔体育
责任编辑：马彰羚　张彦翔
装帧设计：王　静　王艾迪
责任印制：訾　敬

出版发行：北京时代华文书局 http://www.bjsdsj.com.cn
　　　　　北京市东城区安定门外大街 138 号皇城国际大厦 A 座 8 层
　　　　　邮编：100011　电话：010-64263661　64261528

印　　刷：小森印刷（北京）有限公司
开　　本：710 mm×1000 mm　1/16　　　成品尺寸：170 mm×240 mm
印　　张：19　　　　　　　　　　　　　字　　数：232 千字
版　　次：2023 年 12 月第 1 版　　　　　印　　次：2023 年 12 月第 1 次印刷
定　　价：96.00 元

本书图片由视觉中国提供。